Pingpong 1
Lehrerhandbuch

von Gabriele Kopp

und Konstanze Frölich

Max Hueber Verlag

Abkürzungen:

S = Schülerinnen und Schüler
L = Lehrerinnen und Lehrer
Sktext = Sprachkurstext
LB = Lehrbuch
AB = Arbeitsbuch

Das Werk und seine Teile sind urheberrechtlich geschützt.
Jede Verwertung in anderen als den gesetzlich zugelassenen Fällen bedarf deshalb der vorherigen schriftlichen Einwilligung des Verlages.

3. 2. 1. | Die letzten Ziffern bezeichnen Zahl und Jahr
1997 96 95 94 93 | des Druckes.
Alle Drucke dieser Auflage können, da unverändert, nebeneinander benutzt werden.
1. Auflage
© 1993 Max Hueber Verlag, D-8045 Ismaning
Satz: Gabriele Stelbrink, Markt Schwaben
Druck: Schoder Druck, Gersthofen
Printed in Germany
ISBN 3-19-021504-9

Inhalt

	Seite
Einführung	4
Methodisch-didaktische Hinweise	7
Lektion 1	8
Lektion 2	13
Lektion 3	17
Lektion 4	22
Lektion 5	27
Lektion 6	32
Lektion 7	38
Lektion 8	43
Lösungsschlüssel zum Lehrbuch	49
Lösungsschlüssel zum Arbeitsbuch	57
Transkriptionen der Hörtexte zum Lehrbuch	81

Einführung

Zielgruppe

Das Lehrwerk richtet sich an elf- bis fünfzehnjährige Sprachanfänger. Aufgrund der komplexen psychologischen Situation, in der sich Jugendliche in dem Alter befinden, ist dies eine sehr heterogene Zielgruppe. Selbst bei altersgleichen Klassen ist der Entwicklungsstand der einzelnen Schüler oft so verschieden, daß von ganz unterschiedlichen Interessen und lernpsychologischen Voraussetzungen auszugehen ist. Es kann daher nur versucht werden, Themen zu finden, die für Jugendliche allgemein interessant sind, und sie didaktisch so aufzubereiten, daß das Erlernen der Sprache Spaß macht.

Sprache

Grundlage ist eine authentische Umgangssprache, die in Alltagssituationen von Jugendlichen und Erwachsenen verwendet wird. Besonders berücksichtigt werden dabei feststehende Redewendungen der Alltagssprache. Auf die Vermittlung einer deutschen „Jugendsprache", die wechselnden Modeströmungen unterworfen ist, wird im Lehrwerk bewußt verzichtet.

Aufbau des Lehrwerks

Für die Hand des Schülers gibt es:
- Ein Lehr- und ein Arbeitsbuch.

Für den Lehrer und den Einsatz im Unterricht sind vorgesehen:
- Eine Videocassette als Einstieg in die Arbeit mit dem Lehrwerk. Die Lerner erleben am Beispiel der dreizehnjährigen Barbara, wie deutsche Jugendliche ihren Tag verbringen: zu Hause, in der Schule und in der Freizeit. Sprachliche Vorkenntnisse werden nicht vorausgesetzt. Ein Erzähler kommentiert das Geschehen in der jeweiligen Muttersprache der Schüler.
Das Video sollte noch vor der Arbeit mit dem Lehrbuch gezeigt werden. Auf diese Art wird ein erster Kontakt zu Deutschland hergestellt und gleichzeitig die Lernmotivation erhöht.
- Ein Lehrerhandbuch mit methodischen Hinweisen, einem Lösungsschlüssel für Übungen in Lehr- und Arbeitsbuch sowie Transkriptionen der Hörtexte.
- Eine Audiocassette mit allen Sprachkursdialogen und Hörverständnistexten.

Formaler Aufbau des Lehrbuchs

Alle acht Lektionen – mit jeweils einem Rahmenthema – sind in kleinere Sequenzen untergliedert, in denen verschiedene Aspekte des Lektionsthemas behandelt werden. Diese Strukturierung in kleine Einheiten, die Schritt für Schritt erarbeitet werden, ist aus lernpsychologischer Sicht besonders günstig.

Jede Lektion beginnt mit einer *Einstiegsseite,* die die Schüler auf das Thema der Lektion einstimmt sowie Wortschatz und Grammatikstrukturen vorbereitet. Als Sprechanlaß dient diese Seite ebenfalls dazu, bereits Erlerntes in einem neuen Kontext zu wiederholen und zu festigen.
Den Abschluß jeder Lektion bildet die sogenannte „*Na so was*"-Seite mit Texten und Liedern, die zum spielerischen Umgang mit Sprache anregen.

Inhalte des Lehrbuchs

Sprachkursdialoge/Grammatik
Jede Lektion enthält zahlreiche sogenannte Sprachkursdialoge bzw. -texte (Skdialoge/texte), in denen neue Sprachstrukturen eingeführt und bereits bekannte wiederholt werden. Zu jedem Dialog wird zusätzliches Wortmaterial angeboten, so daß die Schüler beim Einüben die Dialoge variieren können. Der jeweilige Grammatikstoff wird – in einem „Schaukasten" visuell abgesetzt – bei der Einführung bewußt gemacht und am Ende der Lektion in einer Übersicht zusammengefaßt.
Leseverstehen
Lesetexte bringen zusätzliche Informationen zum Lektionsthema. Durch die Aufgaben lernen die Schüler das Wesentliche des Textes zu erfassen und neues Wortmaterial aus dem Kontext zu erschließen.
Hörverstehen
Die *Audiocassette* bietet neben den Skdialogen/texten spezielle Texte zur Schulung des globalen Hörverstehens. Jede Lektion enthält entsprechende Aufgabenstellungen.
Schreiben
Vom gelenkten Schreiben werden die Schüler schrittweise zu einer freieren Textproduktion geführt. In jeder Lektion werden Schreibanlässe geschaffen, die für Jugendliche möglichst authentisch sind (z.B. Antwort auf einen Brief, Hinterlassen einer Nachricht).
Landeskunde
In jeder Lektion gibt es spezielle – auf das jeweilige Thema abgestimmte – landeskundliche Informationen in Form von Lesetexten, Landkarten, Graphiken und authentischem Material. Darüber hinaus wird Landeskunde implizit über die dargestellten Situationen und Dialoge vermittelt.

Methodische Schwerpunkte

Umgang mit Sprache
Die Lernenden sollen möglichst auf vielfältige Weise mit der deutschen Sprache umgehen. Daher gibt es in den Skdialogen/texten viele Variationsmöglichkeiten, daher werden alle Fertigkeiten von Anfang an geübt, dazu dienen die „*Na so was*"-Seiten mit ihren Sprachspielen, Unsinnstexten und Liedern.
Partner- und Kleingruppenarbeit ermöglichen eine häufige aktive Beteiligung aller Schüler im Unterricht und werden deshalb im Lehrbuch so oft wie möglich einge-

setzt. Durch jeweils genaue Vorgaben in den Übungen wird vermieden, daß sich fehlerhafte Sprache einschleift.

Hinweis zu den Spiel- und Arbeitsanweisungen: Die Schüler sollen diese zwar von Anfang an passiv aufnehmen, nicht aber aktiv lernen.

Lernspiele
Spiele lockern den Unterricht auf, darüber hinaus werden Sprachstrukturen wiederholt und gefestigt. Das Lehrbuch enthält
- vorgefertigte Spiele zur Festigung der gelernten Strukturen,
- Vorgaben für Karten- und Schreibspiele, die von den Schülern selbst hergestellt werden. Diese Spiele haben einen doppelten Übungseffekt: Die Schüler beschäftigen sich sowohl beim Erstellen des Spiels als auch beim Spiel selbst mit dem gelernten Sprachmaterial.

Die Schüler lernen zudem, einfache Spielanleitungen (typisch deutscher) Spiele zu verstehen.

Übung und Wiederholung
Das Gelernte wird oft und auf vielfältige Weise geübt und wiederholt. Die Übungsphasen sind nicht zu lang, um einem Motivations- und Effizienzverlust durch Ermüdung vorzubeugen. Da die Schüler schwierige sprachliche Phänomene nicht nach der ersten Einführung beherrschen, wird bekanntes Sprachmaterial immer wieder in neuen situativen Zusammenhängen wiederholt.

An manchen Stellen werden grammatische Strukturen auch in Form von feststehenden Ausdrücken vorweggenommen und erst zu einem späteren Zeitpunkt bewußt gemacht. Dieses Verfahren ergibt sich daraus, daß manche kommunikativen Sprechhandlungen die Kenntnis grammatikalisch schwieriger Sprachmuster schon zu einem frühen Zeitpunkt voraussetzen. Die Schüler können problemlos komplexere Strukturen vorab üben, ohne sich des Schwierigkeitsgrades bewußt zu sein. Zu frühe grammatikalische Reflexion könnte zu Sprachhemmungen führen. Werden die besagten Strukturen zu einem späteren Zeitpunkt bewußt gemacht, erleichtert der Wiedererkennungseffekt das Lernen. Ähnliches gilt für den Erwerb der Lexik: In manchen Lesetexten wird neues Wortmaterial eingeführt, das aus dem Kontext erschlossen werden kann. Zu einem späteren Zeitpunkt wird es in den aktiven Wortschatz übernommen und muß nicht mehr ganz neu gelernt werden.

Methodisch-didaktische Hinweise

Lektion 1: Ich und die anderen

▶ **Einstiegsseite**

a) Bilder ansehen
b) Cassette hören, dabei Bilder ansehen
c) Cassette abschnittweise (wenn nötig mehrmals) hören, Bilder zuordnen; Begrüßungsformen **nicht** nachsprechen lassen
d) *fakultativ:* Bilder nochmals ansehen und versuchen, die Begrüßungsformen zu rekonstruieren

A Kontakte

A1 **Sktext: Hallo!** *(Teil 1, S. 6)*

a) Cassette hören, dabei Bilder ansehen und still mitlesen
b) Cassette abschnittweise hören, laut wiederholen, nicht mitlesen; Aussprache exakt imitieren
c) Lehrer/in (L) spricht Begrüßungsformen durcheinander, Schüler/innen (S) zeigen im Buch
d) Ausspracheschulung:
   • Betonung: durch Klatschen der betonten Silben z.B. *„Gúten Mórgen"*
   • *ach*- Laut: Fauchen einer Katze
   • Umlaut *ü*: Mundstellung; Vorübung durch Silben, z.B. *„ta-tü"* der Feuerwehr
e) Texte mit verteilten Rollen lesen

(Teil 2, S. 7)

a) Cassette hören, dabei Bilder ansehen und laut wiederholen
b) Bildkarten mit Tageszeiten wie im Buch erstellen, den anderen S zeigen, Grußformen zuordnen

A2 **Spiel**

Zettel mit Namen (Erwachsene: *„Herr .../Frau ..."* oder/und Namen von S aus der Klasse) und dazu Bildkarten mit Tageszeiten (vgl. A1) erstellen. Je zwei S heften sich Namenszettel an. Ein S als Spielleiter hält eine Bildkarte mit Tageszeiten hoch. Die beiden S begrüßen sich mit einer Grußformel, die der Tageszeit und dem Gesprächspartner entspricht. Mehrmals mit verschiedenen S durchspielen.

A3 **Sktext: Wer bist du?**

Bild 1 und 2
a) Cassette hören, dabei Bilder ansehen und still mitlesen
b) Cassette satzweise hören, laut wiederholen (wenn nötig mehrmals)

c) Ausspracheschulung: *h* im Anlaut: ein kleines Papierstückchen auf den Handrücken legen. Bei richtig gesprochenem *h* in *heiße* bewegt es sich.
d) mit Hilfe des Dialograsters Strukturen mit eigenen Namen einüben: Frage-Antwort-Ketten, Partnergespräch

Bild 3 und 4
a) Sktext einführen wie in Bild 1 und 2
b) Einüben der Strukturen (Dialograster) mit Namenszetteln: Namen aus der Klasse und erfundene Namen (als „neue Schüler")

Bild 5 und 6
a) Sktext einführen wie in Bild 1 und 2
b) Einüben der Strukturen (Dialograster) in der Klasse und in Partnerarbeit

| A 4 | **Internationales Treffen**

a) freie Anwendung der Strukturen aus A3: S denken sich Personen aus, Frage-Antwort-Kette
b) Spiel in Gruppen: Jede Gruppe schreibt gemeinsam Namen von berühmten Persönlichkeiten auf Zettel (so viele Zettel wie Gruppenmitglieder). Die Zettel werden gemischt und verteilt. S fragen sich gegenseitig: *„Bist du ...?", „Heißt du ...?"*. Bei einer positiven Antwort bekommt der Fragende den Zettel und fragt weiter. Bei einer negativen Antwort fragt der angesprochene S weiter. Sieger ist, wer am Ende die meisten Zettel hat.

Grammatik

Tabelle ansehen, Sätze bilden, z.B. *„Ich heiße ... und spiele ..."*

| A 5 | **Sktext: Bist du neu hier?**

a) Bild ansehen, Text zudecken, Cassette hören
b) Text zudecken, Cassette Satz für Satz hören und nachsprechen
c) Ausspracheübung (wenn nötig)
d) Text mit verteilten Rollen lesen

| A 6 | **Was sagen die Personen?**

a) in Partnerarbeit Minidialoge zu den Bildern entwickeln
b) szenische Darstellung der Dialoge

B *Ich wohne in Deutschland*

| B 1 | **Sktext: Wo wohnst du?**

Bild 1
a) Landkarte gemeinsam ansehen
b) Cassette hören, Bild dazu ansehen, still mitlesen
c) Cassette satzweise hören, nicht mitlesen, laut wiederholen (auf die Aussprache achten)

d) Strukturen des Dialograsters einüben:
- Frage-Antwort-Kette (mit Vorgaben des Dialograsters)
- „Ballspiel": Ball zuwerfen, Werfer/in fragt, Fänger/in antwortet
- in Partnerarbeit weitere Dialoge mit eigenem oder erdachtem Wohnsitz entwickeln (Um langweilige Ortswiederholungen zu vermeiden, kann als feststehender Ausdruck „in der ...straße" eingeführt werden.)

e) Rollenspiel: Kombination der Sprechhandlungen *Begrüßen, Vorstellen* und *Frage nach dem Wohnsitz* (wenn nötig, durch Vorgaben gesteuert)

Bild 2 und 3
a) Cassette hören, Bilder dazu ansehen, still mitlesen
b) Cassette abschnittweise hören, nicht mitlesen, laut wiederholen (auf die Aussprache achten)
c) Strukturen des Dialograsters einüben: Frage-Antwort-Kette (mit Vorgaben des Dialograsters)
d) „Ballspiel" mit deutschen Städtenamen: Ball zuwerfen, Werfer/in fragt: *„Wohnst du in ...",* Fänger/in antwortet: *„Ja, ich wohne in ..."* oder *„Nein, ich wohne nicht in ..."*

Bild 4
a) Cassette hören, Bild dazu ansehen, still mitlesen
b) Cassette abschnittweise hören, nicht mitlesen, laut wiederholen (auf die Aussprache achten)
c) Strukturen des Dialograsters einüben: Frage-Antwort-Kette (mit Vorgaben des Dialograsters)

B 2 **Sktext: Woher kommst du denn?**

a) Cassette hören, Bild dazu ansehen, still mitlesen
b) Cassette abschnittweise hören, nicht mitlesen, laut wiederholen (auf die Aussprache achten)
c) in Partnerarbeit weitere Dialoge entwickeln, dazu die passenden Städtesymbole auf der Landkarte (S. 10) suchen
d) szenische Darstellung des Dialogs

B 3 **Fußball international**

a) Text zu Bild 1 lesen
b) Sätze zu den weiteren Bildern in Klassenarbeit mündlich formulieren
c) Ratespiel: Ein S gibt jeweils nur eine Angabe vor, z.B. *„Ich komme aus Rußland. Wer bin ich?"* oder: *„Ich spiele bei Werder Bremen. Wer bin ich?"*, die anderen raten.
d) Sätze in Stillarbeit schreiben

B 4 **Wer bin ich?**

a) still lesen, Lösung suchen
b) laut lesen

c) **L:** Lösungshilfe durch Sprechblase andeuten. Wenn nötig, zeigen, daß man die Wörter von hinten lesen muß: „TREBOR = ROBERT"
d) Ratespiel: S schreiben selbst Sätze mit „Rückwärts-Wörtern" (deutsche Städtenamen verwenden; einzelne S lesen vor, die anderen raten)

Grammatik

a) Sätze lesen
b) weitere Beispielsätze bilden

C Zahlen

C 1 1 bis 20

a) Zahlen von der Cassette hören, im Buch mitlesen
b) Zahlen einzeln von der Cassette hören, nicht mitlesen, laut wiederholen
c) Zahlen lesen, auf Aussprache achten: Umlaute *ü – ö* / *ach* – Laut / *ich* – Laut / *z – zw*
d) *fakultativ:* Übungsspiel zur Aussprache: Die Klasse in zwei Gruppen teilen, Kettenrechnung an die Tafel schreiben, z.B. *15+9-7-6=?* (Summe darf 20 nicht überschreiten)
Schritt 1: Wer zuerst die Summe auf deutsch sagt, bekommt einen Punkt.
Schritt 2: Ein S der Siegergruppe (immer ein anderer) liest laut die Kettenrechnung vor. Bei jedem Aussprachefehler (z.B. *u – ü*) bekommt die Gegnergruppe einen Punkt. Sieger: die Gruppe mit den meisten Punkten

C 2 Hörtext: Welche Zahl ist das?

S hören Zahlen von der Cassette und schreiben sie ins Heft.

C 3 Sktext: Wie alt bist du denn?

a) Bild ansehen, Text zudecken, Cassette hören
b) Text zudecken, Cassette satzweise hören und nachsprechen
c) Cassette hören, still mitlesen
d) mit verteilten Rollen lesen
e) Transferbilder: Dialog in Partnerarbeit einüben
f) Frage-Antwort-Kette: *„Wie alt bist du ...?"*

C 4 Sktext: Telefon

a) Bilder ansehen, Text zudecken, Cassette hören
b) Text zudecken, Cassette satzweise hören und nachsprechen
c) Cassette hören, still mitlesen
d) mit verteilten Rollen lesen
e) in Partnerarbeit weitere Dialoge mit den vorgegebenen Varianten entwickeln
f) szenische Darstellung (S dürfen sich bei einem Telefongespräch nicht gegenseitig ansehen!)

g) *fakultativ:* szenische Darstellung: Telefongespräch mit einem Star o.ä. (Durch dieses Rollenspiel wird für die S ein emotionaler Bezug zur Sprechsituation hergestellt, der Wunsch nach Kommunikation wächst.)

D   Wer ist das?

D 1   **Lesetext: Peter und Petra**

a) Bilder ansehen, still lesen
b) Fragen laut lesen und beantworten
c) *fakultativ:* Text mit verteilten Rollen lesen
Hinweis: Die Personalpronomen *er/sie* werden in den Aufgaben zum Leseverständnis eingeführt, sollen aber noch nicht bewußt gemacht werden.

D 2   **Lesetext: Rate mal! Wer ist das?**

a) still lesen
b) laut lesen, Personen identifizieren
c) in Klassen- und Partnerarbeit Texte zu den Fotos unten erarbeiten
d) *fakultativ* (auf Wunsch der S): Deutsche Mädchen- und Jungennamen sammeln (S bringen eigene Erfahrungen ein) und vergleichbare Namen in der Muttersprache suchen

Grammatik

a) Sätze lesen
b) weitere Beispielsätze bilden

D 3   **Hörtext: Besuch bei Oma**

a) Bild ansehen
b) Bild ansehen, Text auf Cassette einmal hören
c) Aufgaben still lesen
d) Text noch einmal hören
e) Aufgaben in Klassenarbeit lösen

D 4   **Schreibanlaß: Domino**

a) Einführung und Vorgaben lesen
b) Sätze in der Klasse mündlich formulieren
c) **L:** wenn nötig, Verben an die Tafel schreiben
d) in Stillarbeit Texte schreiben
e) Texte gemeinsam verbessern

Na so was!

1. Pingpong

a) Cassette hören, still mitlesen
b) mit verteilten Rollen lesen
c) szenische Darstellung
d) Dialog mit dem zweiten Kandidaten entwickeln (in Klassen- oder Partnerarbeit)
e) Dialog sinnvoll ergänzen (die Kandidaten antworten korrekt)
f) Rollenspiel mit freier Ergänzung

2. Wer bist du?

a) still lesen
b) laut lesen mit Intonationsvarianten

Hinweis: Intonationsübungen sind bei jedem Dialog sinnvoll. Jede Situation kann sich in ihrer emotionalen Aussage durch unterschiedliche Sprechweisen (Wut, Freude, Erstaunen etc.) verändern. Gerade die „*Na so was*"-Texte bieten sich für Intonationsübungen an, da durch Übertreibung die Sprechintention besonders deutlich wird.

Lektion 2: Vater, Mutter, Opa, Oma und Co

▶ *Einstiegsseite*

a) Bild ansehen
b) Cassette hören, dabei Bild ansehen
c) Cassette abschnittweise hören, Personen auf dem Bild den Hörtexten zuordnen

·A *Ich und meine Familie*

A 1 **Lesetext: Ein Fotoalbum**

a) Bilder ansehen, Text zudecken
b) Bilder ansehen, Cassette bei verdecktem Text hören
c) Cassette bei verdecktem Text abschnittweise hören, Bilder zuordnen (so weit möglich)
d) Cassette abschnittweise hören, Text still mitlesen, Bilder zuordnen
e) Text mit verteilten Rollen lesen (auf Aussprache achten)
f) falls sich beim lauten Lesen Aussprachefehler ergeben: Cassette satzweise hören, mitlesen und laut wiederholen
g) *fakultativ:* S bringen Familienfotos mit, daraus wird eine Collage angefertigt. Strukturen wie im Lesetext frei in der Klasse anwenden.

Grammatik

L kann erklären, daß es im Deutschen drei Genera gibt. Auf die Erklärung des bestimmten Artikel wird aber noch bewußt verzichtet.

A 2 **Lesetext: Komische Geschichten**

a) Szenen still lesen
b) Szenen mit verteilten Rollen lesen, dabei den unbestimmten Artikel oder Possessivartikel einsetzen

B *Das ABC*

B 1 **Geheimschrift**

a) Einleitungstext lesen und ABC ansehen
b) Brief in Geheimschrift entziffern
c) Brief richtig schreiben
d) eigene Namen buchstabieren

B 2 **Hörtext: Hör zu und schreib auf**

a) Beispiel auf der Cassette hören
b) buchstabierte Wörter einzeln von der Cassette hören und aufschreiben
c) gemeinsam lesen und kontrollieren
d) „*Das Spinnenspiel*": L (oder ein S) denkt sich ein Wort und schreibt den Anfangsbuchstaben und macht dann so viel Striche, wie das Wort Buchstaben hat (Beispiel: Freund = F_ _ _ _ _), an die Tafel. Die Klasse nennt einzelne Buchstaben. Wenn die Buchstaben in dem Wort vorkommen, werden sie eingesetzt. Bei jedem genannten Buchstaben, der nicht im Wort vorkommt, wird ein „Spinnenbein" an die Tafel gezeichnet. So entsteht langsam eine „Spinne". Wenn die „Spinne" (mit 8 Beinen) fertig ist, bevor das Wort geraten wurde, hat die Klasse verloren. (Auch als Spiel in der Gruppe geeignet)
e) *fakultativ:* Spielvariante mit Wiederholung und Übung der bereits erlernten Sprachstrukturen: L (später ein S) denkt sich eine berühmte Persönlichkeit (möglichst eine Person, die einen anderen Wohnort als den Herkunftsort hat. Beispiel: Arnold Schwarzenegger, kommt aus Österreich, wohnt in Amerika.) und schreibt Vornamen und Nachnamen in Form von Strichen (Anzahl der Buchstaben) an die Tafel. Die S werden in 2 Gruppen geteilt und müssen versuchen, den Namen zu erraten (jeder Name = 1 Punkt). Es werden Fragen gestellt wie: „*Er*" oder „*Sie?*" / „*Wo wohnt er/sie?*" / „*Woher kommt er/sie?*" (Ländernamen auf deutsch angeben!) *fakultativ:* „*Lebt er/sie noch?*"/ *fakultativ:* „*Was ist er/sie?*" (**L:** leicht verständliche Berufe wie z.B. Musiker, Politiker, Filmschauspieler etc. angeben. Dieser Wortschatz soll aber nicht gelernt werden!)
Ist der Name nach diesen Fragen immer noch nicht bekannt, kann er wie beim

Spinnenspiel durch Buchstabieren erraten werden. Die Gruppe, die zuerst den Namen errät, bekommt einen Punkt. Wer mehr Punkte hat, gewinnt.

B 3 **Schreib deinen Namen und deine Adresse in Schreibschrift**

    a) **L:** eigenen Namen in deutscher Schreibschrift an die Tafel schreiben
    b) S schreiben ihren Namen und Adresse in deutscher Schreibschrift auf Zettel (Vorlage: Alphabet in B1)
    c) Zettel einsammeln, mischen, verteilen. S lesen die Angaben und geben die Zettel dem Urheber zurück. Dabei Sätze sprechen: *Er/Sie heißt ... / Er/Sie wohnt in ...*

C *Ich und meine Freunde*

C 1 **Sktext: Eine Party**

    a) 1. und 2. Abschnitt jeweils einmal ganz, dann satzweise von der Cassette hören, laut wiederholen, nicht mitlesen
    b) 1. und 2. Abschnitt mit verteilten Rollen lesen
    c) 3. Abschnitt still lesen
    d) 3. Abschnitt mit verteilten Rollen lesen
    e) weitere Telefongespräche in Partnerarbeit entwickeln (nur mündlich)
    f) szenische Darstellung (Schüler dürfen sich bei einem Telefongespräch nicht ansehen!)

C 2 **Hörtext: Richtig oder falsch?**

    a) Bild ansehen und Aussagen lesen
    b) Text ganz von der Cassette hören
    c) Text abschnittweise hören und Aussagen bestätigen oder verbessern
    d) Text noch einmal ganz hören, den weiteren Personen Aussagen zuordnen

D *Zahlen, Jahre, Nummern*

D 1 **Zahlen und Jahre**

    a) **L:** Zahlen 21 bis 31, 40 bis 100 und 1000 an die Tafel schreiben
    b) Zahlen von der Cassette hören, laut wiederholen, an der Tafel zeigen
    c) Zahlen in Worten im Buch lesen
    d) **L:** weitere Zahlen an die Tafel schreiben, S verbalisieren
    e) **L:** Unterschied zwischen Zahl und Jahresangabe bewußt machen
    f) *fakultativ:* Übungsspiel Kettenrechnung (wie Lektion 1, C1 d) mit neu eingeführten Zahlen
    g) *fakultativ:* Übung zu Jahreszahlen: Frage-Antwort-Kette: „Wann bist du geboren?"
    h) **L:** Begriff *Zauberer* erklären, „Rätsel" („Wo ist der Zauberer") lösen, auf Tempo spielen, Ergebnisse vergleichen

D 2 **Hörtext: Nummern (Telefon)**

    a) Beispiel von der Cassette hören, dabei die Telefonnummer im Telefonbuchauszug suchen
    b) Angaben abschnittsweise von der Cassette hören, im Telefonbuchauszug suchen und sich entsprechend melden

E   Was macht die Familie?

E 1 **Sktext: Was machst du?**

    a) Bild ansehen, Text zudecken, Cassette hören, satzweise nachsprechen
    b) in Partnerarbeit Strukturen mit den Varianten (Verben) einüben
       Beispiel: schreiben
                  S1: Was machst du denn?
                  S2: Das siehst du doch. Ich schreibe.

E 2 **Sktext: Ich möchte ...**

    a) Dialoge von der Cassette hören, dabei still mitlesen
    b) mit verteilten Rollen lesen
    c) in Partnerarbeit Strukturen mit den Varianten einüben
    d) *fakultativ:* Spiel „Pantomime": Ein S stellt hinter dem Rücken der Klasse eine Tätigkeit pantomimisch dar. Die Klasse fragt: *„Liest du?", „Schreibst du?"* etc.

E 3 **Was macht ...?**

    a) Bilder ansehen
    b) Fragen zu den Bildern beantworten

Grammatik

Aussagesätze mit bereits bekannten Verben üben (mit und ohne *möchte*)

E 4 **Lesetext: Familien in Deutschland**

    a) still lesen
    b) Raster im Heft anfertigen (nach dem Beispiel) und ausfüllen

E 5 **Würfelspiel**

Spielvorbereitung: Spielsteine und Würfel mitbringen
Didaktisches Ziel: Übung und Wiederholung der Verbkonjugation

E 6 **Schreibanlaß: Familienquiz**

    a) Vorgaben lesen
    b) einige Beispielsätze in Klassenarbeit mündlich formulieren
    c) in Stillarbeit Texte schreiben
    d) Texte gemeinsam verbessern

Na so was!

1. Ferienfotos
a) Cassette hören, mitlesen
b) mit verteilten Rollen lesen

2. Nicht zu Hause
wie 1, auf Intonation achten

3. Ich heiße ...
wie 1

Lektion 3: Schule

▶ *Einstiegsseite*

a) Bild ansehen
b) Cassette hören, dabei Bild ansehen
c) Cassette abschnittweise hören, Bilder zuordnen (entsprechende Unterrichtsfächer aus der Wortliste unten suchen)

A Die Unterrichtsfächer

A 1 Stundenplan

a) Namen der Unterrichtsfächer (im Kasten) lesen
b) Stundenplan als Bilderrätsel lösen (Aufgabe a)
c) Fragen in der Klasse stellen und beantworten (Aufgaben b und c)
d) den eigenen Stundenplan mit deutschen Namen der Unterrichtsfächer aufschreiben

A 2 Wie findet Florian die Fächer?

a) L liest Aussagen vor, S wiederholen
b) Kirstens Aussagen dem Gesichtsausdruck entsprechend formulieren
c) in der Klasse (oder in Partnerarbeit) Fragen stellen und beantworten

A 3 Hörtext: Hör zu

a) Text von der Cassette hören
b) die Stundenpläne ansehen, Text noch einmal hören
c) die Informationen aus dem Hörtext entnehmen und den Leerstellen [?] in bei-

den Stundenplänen zuordnen, dabei die Ordnungszahlen in der feststehenden Formulierung „*in der ersten Stunde*" etc. anwenden
d) Frage-Antwort-Kette in der Klasse: „*Was hast du am ... in der ... Stunde?*" (auf Tempo spielen!)
Tip: Um diese Fragen etwas interessanter zu gestalten, kann man vorher einen „Wunschstundenplan" erstellen lassen. Damit erfragen die S ihnen jeweils unbekannte Stundenpläne.

| A 4 | **Sktext: Was habt ihr jetzt?**

a) Bild ansehen, Cassette hören
b) mit verteilten Rollen lesen
c) in Partnerarbeit weitere Dialoge mit den Varianten entwickeln

Grammatik

a) Tabelle ansehen
b) Aussagesätze und Fragen formulieren: „*Wir singen in Musik ...*" / „*Wir haben am Montag ...*" / „*Singt ihr ...?*" / „*Habt ihr ...?*" etc.
c) Spiel „Interplanetares Treffen": Die Klasse wird in zwei (oder mehr) Gruppen geteilt. Jede Gruppe stellt ein „Volk eines anderen Planeten" dar. Die S denken sich aus, wie ihr Planet heißt, wie das Volk heißt, wie alt das Volk ist etc. Nach einigen Minuten gemeinsamer Vorbereitungszeit stellen die Gruppen einander Fragen (z.B. „*Woher kommt ihr?*" / „*Wie heißt ihr?*")
L: Tafelanschrift zur Vorentlastung: Präsentation eines „Planetariers", z.B. „*Ich heiße 212, ich komme vom Mars, ich bin 10.001 Jahre alt, mein Bruder heißt 2001*" etc. (nur bekannte Sprachmittel anwenden)
Didaktisches Ziel: Festigung der Verbkonjugation (1. und 2. Person Plural) und der Wortstellung im Fragesatz

| A 5 | **Spiel: Schiffchen versenken**

Spielvorbereitung: 2 Gruppen (klassenweise oder in Kleingruppen) spielen gegeneinander. Jede Gruppe macht zwei Spielpläne (Stundenpläne) nach dem vorgegebenen Muster: einen Plan für die eigenen Stunden und einen zweiten, in den die Antworten der gegnerischen Gruppe eingetragen werden.

B *Quatsch*

| B 1 | **Schreibanlaß: Wir sind drei Freunde**

a) still lesen
b) Text schriftlich verbessern

| B 2 | **Diese Zwillinge**

a) still lesen
b) mit verteilten Rollen lesen, dabei Fragepronomen einsetzen

C Schule in Deutschland

C1 Lesetext: Ist das richtig?

a) Bilder ansehen
b) Texte lesen und den Bildern zuordnen
c) Klassengespräch: Informationen aus dem Text mit den schulischen Bedingungen im Heimatland vergleichen (in der Muttersprache)

Grammatik

Sätze mit Verben in der 3. Person Plural bilden

C2 Ergänze

a) still lesen
b) mit verteilten Rollen lesen, Text dabei ergänzen

Deutsches Schulsystem
a) Zeichnung ansehen
b) Klassengespräch: Parallelen und Unterschiede zum eigenen Schulsystem feststellen (in der Muttersprache)
c) eigene Position im deutschen Schulsystem suchen („*Ich bin in der ...schule / im Gymnasium in Klasse ...*")

C3 Zeugnis

a) Zeugnis still lesen
b) Fragen in der Klasse gemeinsam lesen und beantworten
c) deutsche Notengebung mit eigenem Notensystem vergleichen
d) Zeugnis mit deutschen Noten für einen Lehrer in Partner- oder Stillarbeit erstellen
e) Informationen aus dem „Lehrerzeugnis" erfragen

C4 Hörtext: Der Neue

a) Bilder ansehen und die Aussagen darunter lesen
b) Text ganz von der Cassette hören
c) Text abschnittweise hören und Aussagen bestätigen oder verbessern

D Schulsachen

D1 Hörtext: Das ist ein ...

a) Beispiel von der Cassette hören und im Raster suchen
b) Angaben abschnittweise von der Cassette hören, im Raster suchen, nachsprechen
c) Angaben noch einmal abschnittweise hören, im Raster suchen, Lösung laut sprechen, Bestätigung von der Cassette hören

d) Spiel: In der Klasse in der gleichen Weise das Ratespiel weiterführen. Schnell spielen! Wer einen Fehler macht, scheidet aus.

D 2 **Sktext: Wo ist denn nur?**

a) Bilder ansehen, Cassette hören und nachsprechen
b) mit verteilten Rollen lesen
c) in Partnerarbeit weitere Dialoge mit den Wörtern aus D1 entwickeln

D 3 **Drudel**

Drudel = Bilderrätsel
a) Beispiel ansehen, Lösung zudecken und selbst finden
b) Dialoge a-c mit verteilten Rollen lesen, Lösung finden. Ab Abbildung d selbständig Fragen in der Klasse stellen. Nur der jeweils Fragende darf die Lösung lesen.
c) in Partnerarbeit weitere Drudel erfinden und erfragen, in ganzen Sätzen antworten

Grammatik

kein als Negation von *ein* einführen
Tip: „Zaubertrick": L hat einen Füller in der Hand und sagt „*Hier ist ein Füller!*", läßt den Füller verschwinden, zeigt die leere Hand und sagt „*Hier ist kein Füller!*".

D 4 **Sktext: Das ist kein(e) ...**

a) Bild ansehen, Cassette mit beiden Varianten hören und nachsprechen
b) mit verteilten Rollen lesen, dabei eine Variante als Sprachreaktion aussuchen
c) in Partnerarbeit weitere Dialoge entwickeln

D 5 **Wo sind die Sachen?**

a) Fragen lesen, im Suchbild den jeweiligen Gegenstand suchen und antworten
b) Wiederholung als „Tempospiel" in der Klasse

D 6 **Sktext: Na ja!**

a) Bild ansehen, Cassette hören
b) mit verteilten Rollen lesen
c) in Partnerarbeit weitere Dialoge entwickeln

Grammatik

bereits bekannte Nomen in einen selbstangefertigten Raster nach Genera *der – das – die* eintragen und Sätze bilden; weitere Sätze mit *ein, mein, dein* und *kein* bilden

E   Noch mal Schule

E 1   **Lesetext: Was fehlt (der/ein, das/ein, die/eine)?**

a) Bilder ansehen und Texte still lesen
b) Texte laut lesen und die Artikel einsetzen

E 2   **Sktext: Verflixt!**

a) Bild ansehen, Cassette mit beiden Varianten hören und nachsprechen
b) mit verteilten Rollen lesen
c) in Partnerarbeit weitere Dialoge entwickeln

E 3   **Schreibanlaß: Eine tolle Schule**

a) Vorgaben lesen
b) Beispiele und Briefanfang in der Klasse formulieren
c) in Stillarbeit den „Beitrag zum Wettbewerb" schreiben
d) Texte gemeinsam verbessern

Grammatik

Sätze bilden, z.B. *„Wo ist denn nur mein Bleistift? Er ist weg."*

E 4   **Spiel: Das Schulhausspiel**

Spielvorbereitung: Spielsteine und Würfel mitbringen
In Kleingruppen spielen!

E 5   **Hörtext: Im Schreibwarenladen**

a) Raster nach vorgegebenem Muster anfertigen
b) Text einmal von der Cassette hören
c) Aufgaben lesen
d) Text noch einmal hören, im Raster ankreuzen (Aufgaben a und c) bzw. Zahlen aufschreiben (Aufgabe b)

Grammatik

zu bereits bekannten Nomen den Plural ergänzen

Na so was!

Schüler-Boogie

a) Lied von der Cassette hören
b) Lied noch einmal hören, Melodie mitsummen
c) L liest Text vor, S lesen still mit und sprechen nach
d) Text rhythmisch lesen

e) Lied von der Cassette hören, Text still mitlesen
f) Lied von der Cassette hören, mitsingen
g) Text dem eigenen Stundenplan entsprechend verändern

Lektion 4: Leute, Leute

▶ *Einstiegsseite*

a) Bilder ansehen, Cassette hören
b) Bilder ansehen, Cassette abschnittweise hören, Bilder zuordnen (Aufgabe a)
c) Bilder ansehen, Personen benennen (Aufgabe b)
d) **L:** Adjektive lesen, erklären oder pantomimisch erläutern
e) den Personen Eigenschaften zuordnen (Aufgabe c)

A *Die lieben Erwachsenen*

A 1 Lesetext: Lehrerquiz

a) still lesen
b) Textabschnitte den Bildern zuordnen
c) Wörter aus dem Raster (*alle - niemand*, etc.) in Sätzen (kombiniert mit der jeweiligen Handlung) erläutern, z.B.: *„Alle sprechen. Niemand spricht."*

A 2 Sktext: Verflixt!

a) Bild ansehen, Cassette hören
b) **L:** den Begriff *Aufsatz* („= einen Text zu einem Thema schreiben") erläutern
c) Dialog mit verteilten Rollen lesen, auf Intonation achten
d) in Partnerarbeit weitere Dialoge entwickeln

Grammatik

Tabelle ansehen; **L:** Änderung bei Maskulinum von *der* auf *den* bewußt machen

A 3 Sktext: Wo ist denn nur ...?

a) Cassette hören, mitlesen, nachsprechen
b) Dialog mit bekannten Nomen variieren
c) die neuen Nomen mit dem Minidialog einüben, erst in Klassen-, dann in Partnerarbeit

A 4 Lesetext: Ein Brief

a) still lesen
b) laut lesen, dabei richtige Reihenfolge bestimmen

c) Angaben zum Antwortbrief lesen
d) gemeinsam Sätze formulieren
e) in Stillarbeit den Antwortbrief schreiben
f) Texte gemeinsam verbessern
g) *fakultativ:* einen weiteren Brief (Susis Antwort auf Corris Fragen) schreiben, jeweilige Antworten selbst erfinden

B Unter Jugendlichen

B 1 Sktext: Hunger und Durst

a) Cassette hören, nicht mitlesen, nachsprechen (mit Gesten unterstützen)
b) die neuen Wörter mit Dialog 1 und 2 einüben

Grammatik

a) **L:** Änderung bei Maskulinum von *ein* zu *einen* bewußt machen
b) Nominativ und Akkusativ der unbestimmten Artikel in weiteren Sätzen anwenden
c) Spiel: 1. S: *„Ich packe meine Tasche. Ich nehme einen Füller mit."* 2. S: *„Ich packe meine Tasche. Ich nehme einen Füller und ein Pausenbrot mit."* 3. S: *„Ich packe meine Tasche. Ich nehme einen Füller, ein Pausenbrot und ... mit."* usw.

B 2 Hörtext: Hör zu

a) Beispiel auf der Cassette hören
b) Angaben abschnittweise von der Cassette hören; S sprechen die Lösung nach der Frage und vor der Bestätigung des Sprechers
c) Ablauf wie in b), dabei besonders auf den richtigen Artikel achten, bei Fehlern die richtige Lösung noch einmal von der Cassette hören und wiederholen

B 3 Sktext: Leihst du mir ...?

a) **L:** den Begriff *leihen* durch szenische Darstellung erläutern (L „leiht sich" etwas von einem S aus.)
Hinweis: Personalpronomen *mir* und *dir* nicht grammatikalisch bewußt machen, sondern zunächst im Satz als feststehende Wendung lernen lassen
b) Cassette hören, nicht mitlesen, nachsprechen (mit Gesten unterstützen)
c) in Partnerarbeit weitere Dialoge entwickeln

Grammatik

Spiel (zur Einübung des Akkusativs der Personalpronomen): jeweils ein S übergibt der Klasse fünf Gegenstände (z.B. Füller, Federmäppchen etc.) und verläßt den Raum. Die Gegenstände werden in der Klasse verteilt. Der S kommt in den Raum zurück und fragt verschiedene S: *„Hast du mein/e/n ...",* der befragte S antwortet: *„Ja, ich habe ihn/es/sie."* oder: *„Nein, ich habe ihn/es/sie nicht."*

B 4 **Sktext: Was hast du denn da?**

a) Bild ansehen, Cassette hören, nachsprechen
b) in Partnerarbeit weitere Dialoge entwickeln

B 5 **Sktext: Ein Autogramm**

a) Bild ansehen, Cassette hören, nicht mitlesen, nachsprechen
b) mit verteilten Rollen lesen
c) Dialog szenisch darstellen
d) in Partnerarbeit weitere Dialoge entwickeln

Grammatik

a) L: Beispielssätze (Subjekt-Verb-Akkusativobjekt) an die Tafel schreiben, Subjekt oder Objekt abwischen und mit Fragepronomen erfragen lassen
b) *fakultativ:* Spiel: *Domino* (zum Einüben des Akkusativs)
L: *Spielvorbereitung:* Karten (bei Gruppenbildung in mehrfacher Ausfertigung) mit zweigeteilter Struktur vorbereiten: Links: ein Substantiv mit bestimmtem/ unbestimmtem Artikel im Nominativ oder Akkusativ; rechts: ein Satzanfang mit Subjekt und Verb oder Fragepronomen und Verb

Beispiel: | einen Apfel. | Wo ist | oder | der Füller? | Ich habe |

Die Karten werden gleichmäßig an alle Mitspieler verteilt. Eine Karte wird auf den Tisch gelegt (bzw. an die Tafel geklebt), und nun versuchen alle S der Reihe nach ihre Karten anzulegen. Gewinner ist, wer die meisten Karten anlegen kann.

B 6 **Spiel: Quartett**

L: Farben einführen, z.B. mit der Frage: *„Was ist deine Lieblingsfarbe?"*
Tip: Auch sonst im Unterricht sollen sich die S gelegentlich über ihren Geschmack äußern können. S fragen sich gegenseitig: *„Was ist dein(e) Lieblingsfarbe, -gruppe, -fach?"* usw.
Spielvorbereitung: als Hausaufgabe Quartettkarten erstellen
In Kleingruppen spielen!

B 7 **Lesetext: Das Schwarze Brett**

a) Texte (Anzeigen und „Gedankenblasen")still lesen
b) ein S liest eine Anzeige vor, ein anderer S sucht die passende Reaktion

C *Miteinander reden*

C 1 **Hörtext: Was sagt der Lehrer?**

Hinweis: S müssen die Anweisungen nur verstehen, nicht aktiv beherrschen
Texte von der Cassette hören, dabei Bildsymbole ansehen

| C 2 | **Hörtext: Was sagt er jetzt?**

Texte abschnittweise hören, Nummern der passenden Bilder aufschreiben, anschließend gemeinsam korrigieren

| C 3 | **Sktext: Komm bitte ...!**

a) Bild ansehen, Cassette hören
b) Redemittel: *Das sagt der Lehrer*
   L liest Anweisungen (Teil 1 ohne Modalpartikeln) zweimal vor, beim zweiten Mal führt jeweils ein S die Anweisungen aus
   L liest Anweisungen (Teil 2, mit Modalpartikeln) vor, S lesen nicht mit, sprechen nach
   Anweisungen (Teil 1 und Teil 2) laut lesen, auf Intonation achten (mit Modalpartikeln: freundlich / ohne Modalpartikeln: streng)
   Hinweis: S sollen Modalpartikeln als vielfach unübersetzbare Satzelemente verstehen lernen, die eine wichtige Rolle bei der Intonation spielen und die die Aussage verändern können. Auch an anderen Stellen im Buch sollte man der Bedeutung der Modalpartikeln durch gezielte Intonationsübungen (in Kombination mit Gestik und Mimik) gerecht werden.
c) Redemittel: *Das sagt die Mutter*
   Anweisungen laut lesen, auf Intonation achten; Cassette hören und mitlesen; S lesen Anweisungen noch einmal mit entsprechender Intonation; in Klassenarbeit weitere Anweisungen formulieren

Grammatik

a) Konjugation der Verben *geben* und *nehmen* mit Beispielsätzen einüben
b) regelmäßige Bildung des Imperativs herausarbeiten, unregelmäßige Formen angeben
c) S geben sich gegenseitig Anweisungen (in Singular und Plural) und führen diese aus

| C 4 | **Freundlich (+) – unfreundlich (-)**

Klassenarbeit: Bildsymbole und Infinitivvorgaben in freundliche (+) bzw. strenge (-) Anweisungen umsetzen

| C 5 | **Hörtext: Hausaufgaben notieren**

a) Angaben lesen
b) Text von der Cassette einmal ganz hören
c) Cassette abschnittweise hören, Hausaufgabe entsprechend dem Beispiel notieren
d) gemeinsam korrigieren
e) wenn nötig: Cassette noch einmal hören, gemeinsam Notizen aufschreiben

C 6 **Lesetext: Die SMV (Schülermitverwaltung)**

Landeskundliche Information: In deutschen Schulen werden normalerweise in jeder Klasse zwei Klassensprecher gewählt, ein amtierender (erster) Klassensprecher und als Vertretung ein zweiter Klassensprecher. Sie vertreten die gesamte Klasse bei Problemen mit den Lehrern und der Schule. An Gymnasien gibt es die sogenannte Schülermitverwaltung (SMV), die aus allen Klassensprechern gebildet wird und die Vorsitzenden wählt (zumeist die Klassensprecher der höheren Klassen). Die SMV vertritt die Interessen der Schüler gegenüber den Lehrern und der Schulleitung. Zudem kümmert sie sich um die Organisation von Veranstaltungen, die Beratung von Mitschülern und manchmal auch um die Schulbibliothek. *Hinweis:* In manchen Bundesländern (z.B. in Nordrhein-Westfalen) nennt man die SMV auch SV (=Schülervertretung).

a) Text still lesen und Bilder ansehen
b) Angaben zu „Was macht die SMV?" gemeinsam lesen und jeweils als richtig oder falsch einstufen
c) Klassengespräch: Aufgaben der Klassensprecher und der SMV in deutschen Schulen diskutieren und mit der eigenen Schulsituation vergleichen (in der Muttersprache)

C 7 **Sktext: Ab heute sagen wir „Sie"**

a) Bild ansehen, Cassette hören, nicht mitlesen, nachsprechen
b) **L:** Begriff *erwachsen* erläutern
c) mit verteilten Rollen lesen

Landeskundliche Information: In Deutschland siezen die Lehrer ihre Schüler ab dem 10. Schuljahr (Durchschnittsalter der Schüler: 15/16 Jahre). Nur die Schüler werden geduzt, die dem Lehrer die ausdrückliche Erlaubnis dazu geben.

Grammatik

Tabelle ansehen; **L:** Anwendung der Höflichkeitsform (muttersprachlich) erläutern

C 8 **Was sagen die Personen?**

a) in Partnerarbeit Dialoge zu den Bildern entwickeln
b) szenische Darstellung der Dialoge
c) Rollenspiel: **L:** Situation und handelnde Personen (Erwachsene, Jugendliche, Verwandte) vorgeben, entsprechende Redemittel reaktivieren (frei äußern oder gemeinsam erarbeiten)
Beispiele: Zwei unverheiratete Erwachsene lernen sich über Zeitungsinserat kennen; Treffen in einem Lokal / Ein Lehrer hat „Schule geschwänzt" und trifft einen Schüler / Treffen zweier Stars mit unterschiedlichen Berufen, z.B. Tennisspieler und Opernsängerin

Na so was!

Ein Schülerstreich

a) Comic gemeinsam ansehen
b) mit verteilten Rollen lesen
c) in Partnerarbeit Text des Zettels auf dem Rücken des Lehrers erfinden
d) in Gruppenarbeit die Fortsetzung der Geschichte schreiben
e) verschiedene Versionen in der Klasse vortragen und gemeinsam verbessern

Lektion 5: Freizeit und Freiheit

▶ *Einstiegsseite*

a) Abbildungen ansehen und Wörter laut lesen (Aussprache mit Hilfe von L)
b) Peters Sachen ansehen, seine Hobbys aufgrund der Gegenstände identifizieren und Sätze bilden, dabei auf Satzstellung und Personalform der Verben achten

A   Welche Hobbys hast du?

A 1   Lesetext: Hobbys heute und damals

a) Texte still lesen, Bilder ansehen
b) Fragen unten beantworten (Klassen- und Partnerarbeit)

A 2   Sktext: Telefongespräch

a) Cassette hören, nicht mitlesen, nachsprechen
b) mit verteilten Rollen lesen
c) neue Verben pantomimisch darstellen (auch als Ratespiel)
d) in Partnerarbeit weitere Dialoge entwickeln

Grammatik

L: trennbare Verben visuell bewußt machen: Verbkarten zerschneiden, Verbstamm und Präfix farbig hervorheben
Spiel zur Festigung der trennbaren Verben:
Spielvorbereitung: L schreibt verschiedene Sätze mit trennbaren Verben auf Wortkarten (2 Kartensätze)
Spiel: Die Klasse wird in zwei Gruppen geteilt, jede Gruppe erhält einen Kartensatz. Die Gruppe, die zuerst alle Sätze richtig zusammengesetzt hat, hat gewonnen.

| A 3 | **Hobby-Hitliste**

a) erste Liste („Brigitte") und die dazu ausformulierten Sätze laut lesen
b) zweite Liste („Thomas") lesen, Sätze formulieren
c) Fragen (Aufgabe a) beantworten
d) eigene Hobbyliste anfertigen (Aufgabe b), Sätze dazu formulieren
e) in Partnerarbeit gegenseitig die Hobbys erfragen (Aufgabe c)
f) Ratespiel: Alle Hobbylisten werden eingesammelt. Verschiedene Hobbylisten werden vorgelesen, die Klasse rät jeweils, von welchem Mitschüler die Liste geschrieben wurde.

| A 4 | **Hörtext: Die Neue**

a) Bild ansehen und Aussagen lesen
b) Text ganz von der Cassette hören
c) Text abschnittweise hören und Aussagen bestätigen oder verbessern

B Was machst du wann?

| B 1 | **Willi Weiß ...**

a) Text still lesen
b) Text fortsetzen (mit Alliterationen für die restlichen Wochentage)
c) L erläutert Jahreszeiten mit Hilfe der Illustrationen, S formulieren weitere Sätze (mit Alliterationen)
d) S befragen sich gegenseitig, z.B: *„Was machst du am Montag?"*, *„Was machst du im Frühling?"*

| B 2 | **Frag deinen Partner**

a) Bilder (Tageszeiten) ansehen und Sätze bilden
b) gegenseitige Befragung in Partnerarbeit

Grammatik

a) Inversion durch vertauschbare Wortkarten visuell darstellen
b) Wettkampfspiel in Gruppen: Sortieren von Wortkarten zu ganzen Sätzen (mit und ohne Inversion)

| B 3 | **Sktext: Kommst du mit?**

a) Bild ansehen, Cassette hören
b) mit verteilten Rollen lesen
c) in Partnerarbeit weitere Dialoge mit den Varianten entwickeln

B 4 **Sktext: Was passiert um ein Uhr?**

a) an einer Demonstrationsuhr oder mit Hilfe von (an die Tafel) gezeichneten Uhren die deutschen Uhrzeiten erklären
b) L gibt die Uhrzeiten an, S stellen an der Demonstrationsuhr ein oder zeichnen Uhrzeit auf
c) L stellt die Uhrzeiten ein (oder zeichnet sie auf), S verbalisieren
d) Sktext: Uhr im Buch ansehen, Text von der Cassette hören, nachsprechen, nicht mitlesen
e) mit verteilten Rollen lesen
f) den Dialog mit den unten angegebenen Uhrzeiten in Partnerarbeit erweitern

B 5 **Hörtext: Hör zu**

a) Text von der Cassette mehrmals hören, dabei Bild ansehen
b) Fragen beantworten

B 6 **Sktext: Komm schon!**

a) Bild ansehen, Cassette hören
b) mit verteilten Rollen lesen
c) in Partnerarbeit weitere Dialoge mit den Varianten entwickeln

B 7 **Ein Witz**

still lesen und szenisch darstellen

C *Tag für Tag*

C 1 **Lesetext: Claudias Tag**

a) still lesen
b) in Partner- oder Klassenarbeit die Aussagen den Uhrzeiten zuordnen
c) Claudias Tagesablauf in Sätzen mit Inversion formulieren
d) Partnerarbeit: einander Fragen zum Tagesablauf stellen und beantworten

C 2 **Claudia muß / kann ...**

a) in Klassenarbeit mit Hilfe des Textes C1 eine Liste mit Claudias Pflichten anfertigen und Sätze mit *müssen* formulieren (Aufgabe a)
b) S stellen und beantworten einander in Klassen- oder Partnerarbeit die Frage: „*Was mußt du jeden Tag machen?*"
c) in Partnerarbeit eine weitere Liste für den freien Samstag/Sonntag anfertigen (Aufgabe b)
d) in Klassenarbeit die erarbeitete Liste ausformulieren (Sätze mit *können*)
e) Verben zum Tagesablauf und zu Hobbys an der Tafel sammeln und Sätze bilden, z.B. „*Am Montag muß ich ...*", „*Am Sonntag kann ich ...*"

Grammatik

a) Konjugation der neuen Modalverben üben
b) **L:** Klammerstellung der Modalverben mit Infinitiv visuell darstellen und erläutern
c) weitere Beispielsätze mit *können* und *müssen* bilden

C 3   Schreibanlaß: Beschreibe deinen Sonntag

a) in Stillarbeit den eigenen Sonntag oder einen Traumtag beschreiben
b) Texte gemeinsam verbessern

C 4   Sktext: Ich kann heute nicht ...

a) Bild ansehen, Cassette hören
b) mit verteilten Rollen lesen
c) in Partnerarbeit weitere Dialoge mit den Varianten entwickeln
d) *fakultativ:* **L:** Ausdrücke der Enttäuschung (z.B. *„Ach Mensch!"*, *„So was Blödes!"*, *„Schade!"*) erklären und Dialoge erweitern lassen. Auch positive Antwort (*„Ja, gern!"* oder *„Ja gern, aber ich kann nur morgen."* u.ä.) durchspielen und szenisch darstellen lassen

C 5   Lesetext: Mädchen – Jungen

Hinweis: Überschrift: *„Was stört dich an ..."* nicht erklären! Erklärung ergibt sich aus dem Inhalt.
a) still lesen
b) Fragen beantworten

D   Wer geht wohin?

D 1   Hörtext: Wohin gehen sie?

a) Texte von der Cassette hören
b) die Personen den Orten zuordnen

Grammatik

a) **L:** Tabelle erläutern
b) Sätze mit Richtungsangaben bilden
c) *Ratespiel:* Ortsangaben (z.B. Schwimmbad, Disco) auf Zettel schreiben. Ein S zieht einen Zettel. Die anderen stellen Fragen (*„Gehst du in ... / auf ... / zu ... / nach ..."*). Wer den Ort errät, darf den Zettel behalten, einen neuen Zettel ziehen und selbst weitermachen.

D 2   Frag deinen Partner

a) Frage-Antwort-Kette mit den beiden Fragen
b) Wiederholung in Partnerarbeit

| D 3 | **Spiel: Wohin gehst du?**

Spielvorbereitung: Spielsteine und Würfel mitbringen
In Kleingruppen spielen!

| D 4 | **Hörtext: Ein Telefongespräch**

a) Text von der Cassette hören
b) Notizen im Infinitiv aufschreiben (Stillarbeit)
c) gemeinsam verbessern

| D 5 | **Sktext: Ach, ist das langweilig!**

a) Text von der Cassette hören, dabei mitlesen und nachsprechen
b) Mittelteil des Dialogs selbst ergänzen, dabei die angegebenen Namen verwenden, Orte selbst finden

| D 6 | **Was machen deutsche Jugendliche in der Freizeit?**

a) gemeinsam Statistik ansehen
b) in Klassenarbeit Sätze formulieren
c) in Partnerarbeit weitere Fragen stellen und entsprechend der Statistik beantworten
d) eine Statistik des Freizeitverhaltens in der Klasse erstellen und anschließend verbalisieren

| D 7 | **Lesetext: Ein Brief**

a) still lesen
b) Schreibanlaß:
  - den Brief in Stillarbeit beantworten, dabei Angaben verwenden
  - Texte gemeinsam verbessern

| D 8 | **Faltspiel**

Spielvorbereitung: Papier (Querformat) und Bleistift bereitstellen
In Gruppen von mindestens 6 S spielen!

Grammatik

a) L schreibt verschiedene Satzteile ungeordnet an die Tafel, S ordnen
b) L gibt Raster (wie in der Tabelle) an der Tafel vor, S tragen eigene Sätze ein

Na so was!

Das Hobby-Lied

a) Lied von der Cassette hören
b) Lied nochmal hören, Melodie mitsummen

c) L liest Text vor, S lesen still mit und sprechen nach
d) Text rhythmisch lesen
e) Lied von der Cassette hören, Text still mitlesen
f) Lied von der Cassette hören, mitsingen
g) S verlängern Strophen jeweils selbst

Lektion 6: Wunsch und Wirklichkeit

▶ *Einstiegsseite*

a) Bilder ansehen und Angaben lesen
b) Fragen lesen, beantworten und in einfacher Weise begründen (Klassenarbeit) Dabei die „*Warum*-Frage" mit Hauptsatz-Antwort und einfache Redemittel zur Meinungsäußerung einführen, z B. „*Ich meine, ...* (+ Hauptsatz)", „*Ich glaube, ...* (+ Hauptsatz)"

A Wegfahren

A 1   **Lesetext: Wer fährt wohin?**

a) still lesen und Bilder ansehen
b) Aussagen den Reisezielen zuordnen und Sätze bilden (Klassenarbeit)

A 2   **Sktext: Das tolle Telefon**

a) Einleitung lesen, Telefongespräch zudecken
b) Telefongespräch von der Cassette hören, nachsprechen
c) mit verteilten Rollen lesen
d) in Klassen- und Partnerarbeit weitere Dialoge entwickeln, dabei *nach ...* und *in die ...* einüben (falls notwendig, weitere Städte- und Ländernamen auflisten)

A 3   **Sktext: Wohin möchtest du fahren/fliegen?**

a) in Partnerarbeit mit Hilfe der Angaben Fragen stellen und beantworten
b) Dialog von der Cassette hören
c) mit verteilten Rollen lesen
d) in Partnerarbeit weitere Dialoge entwickeln

Grammatik

Spiel „Städteraten": Ein S denkt sich eine Stadt aus, die anderen S raten: „Gibt es dort ... / ein(e/n) ...", der S antwortet: *„Ja, dort gibt es ... / ein(e/n) ..."* oder *„Nein, dort gibt es kein(e/n) ..."*

A 4 **Deutschland, Schweiz, Österreich**

a) geographische Karte gemeinsam ansehen
b) in Klassen- und Partnerarbeit Fragen stellen und beantworten
c) Ratespiel in zwei Gruppen (Wettkampf nach Zeit)
   Beispiel: Gruppe 1: *„Was ist das? Es ist ein Gebirge. Es liegt im Süden."*
   Gruppe 2: *„Die Alpen."*
d) *fakultativ:* Spiel zur Landeskunde
   Spielvorbereitung: **L:** detaillierte Landkarte von Deutschland, Schweiz, Österreich zur Verfügung stellen; an die Tafel nebeneinander verschiedene Kategorien schreiben, z.B. *Stadt / Gebirge / Fluß / deutscher Vorname;* jede Schülergruppe fertigt ein Blatt Papier mit diesen Kategorien an.
   Spiel: L nennt einen Anfangsbuchstaben, Schülergruppen füllen ihre Tabelle mit Worten dieses Anfangsbuchstaben um die Wette aus (Beispiel: A = Augsburg – Alpen – Altmühl – Anton). Die Gruppe, die als erste fertig ist, ruft „Stop!", und das Ergebnis wird ausgewertet. Für jedes richtige Wort erhält jede Gruppe 10 Punkte. Haben zwei Gruppen das selbe Wort, bekommen sie hierfür nur jeweils 5 Punkte. Hat nur eine Gruppe ein Wort gefunden, alle anderen aber keines, dann erhält sie dafür 20 Punkte. Gewonnen hat die Gruppe mit den meisten Punkten.

A 5 **Lesetext: Bilder aus Deutschland**

a) still lesen, Bilder ansehen
b) Texte und Bilder zuordnen

A 6 **Wohin?**

a) **L:** den semantischen Unterschied von *fahren / gehen / steigen / fliegen* pantomimisch erläutern und auf Piktogramme am Rand hinweisen
b) Sätze bilden, dabei verschiedene Verben verwenden

A 7 **Sktext: Was machen wir denn in den Ferien?**

a) Bild ansehen, Cassette hören
b) mit verteilten Rollen lesen
c) in Partnerarbeit weitere Dialoge entwickeln, dabei Angaben aus der Liste A6 verwenden

A 8 **Spiel: Schwarzer Peter**

Spielvorbereitung (z.B. als Hausaufgabe): Spielkarten nach der Anleitung im Buch erstellen
In Kleingruppen spielen!

A 9 **Sktext: Oh je!**

a) Situationsbild ansehen, ersten Teil des Dialogs auf Cassette hören
b) Bild im Text ansehen und zweiten Teil des Dialogs auf Cassette hören

c) in Gruppenarbeit den Dialog fertigstellen
d) Dialog und selbst erstellte Version mit verteilten Rollen lesen

A 10 **Hörtext: Träume**

a) Geräusch 1 hören, gemeinsam Sätze bilden und an die Tafel schreiben
b) weitere Geräusche in Abschnitten hören, in Stillarbeit Sätze aufschreiben
c) gemeinsam besprechen

B Anders sein

B 1 **Lesetext: Warum?**

a) still lesen
b) in Klassenarbeit Brief 1 („Markus") in Abschnitten lesen und die passenden Reaktionen der Mutter (unten) zuordnen
c) Brief 2 und 3 („Thomas", Carina") in Abschnitten lesen und die Reaktionen der Angesprochenen (positiv oder negativ) formulieren
d) Antworten schriftlich formulieren
e) in Klassenarbeit einige *Warum*-Fragen formulieren
f) in Stillarbeit einen „Warum-Brief" abfassen
g) vorlesen und gemeinsam Reaktionen formulieren

Grammatik

a) *Warum*-Frage und Antwort mit Hauptsatz üben
Hinweis: Der Nebensatz mit *weil* wird hier bewußt noch vermieden, um beispielsweise Interferenzen zu vermeiden. *(Warum* und *weil* lauten in manchen Herkunftssprachen gleich!)
b) Spiel
Spielvorbereitung: Warum-Fragen auf rote Karten und passende Antworten (Hauptsatz) auf blaue Karten schreiben. Karten mischen und verteilen.
Spiel: Jeder S erhält eine rote und eine blaue Karte. S1 stellt S2 seine Frage. Dieser liest seine Antwort vor. Paßt die Antwort, gibt er S1 seine beiden Karten. S1 legt passendes Kartenpaar ab und stellt S3 die nächste Frage. Paßt die Antwort von S2 nicht, macht er mit seiner Fragekarte weiter. Sieger ist, wer die meisten Kartenpaare hat.
c) Konjugation von *mögen* üben

B 2 **Frag deinen Partner**

Dialoge mit dem Dialograster zunächst in Klassen-, dann in Partnerarbeit entwickeln

B 3 **Hörtext: Interview mit Sonny Glück**

a) Text von der Cassette einmal ganz hören
b) Fragen (Teil 1, a-e) lesen

c) Text in Abschnitten hören und jeweils die Frage dazu beantworten
d) in Klassenarbeit Fragen (Teil 2, a–d) lesen und persönliche Meinungen äußern
e) in Partnerarbeit ein ähnliches Interview entwickeln (Aufgabe e)

B 4 Wie sind die Personen?

a) Bilder ansehen, bekannte Figuren identifizieren, unbekannte Figuren vorstellen.

Informationen zu den Märchenfiguren:
Aschenputtel (Aschenbrödel)
   Im Märchen der Gebrüder Grimm wird ein Mädchen (Aschenputtel) von seiner Stiefmutter schlecht behandelt und zu niederen Diensten gezwungen. Es erhält Hilfe von der verstorbenen Mutter und von Vögeln: Ihm werden Kleid und Schuhe für einen Ball am Königshof geschenkt. Während des Balls verliebt sich der Prinz in Aschenputtel, das aber um Mitternacht gehen muß. Das Mädchen verliert einen Schuh. Durch eine Schuhprobe findet der Prinz Aschenputtel wieder und heiratet sie.
Dornröschen
   Die Version der Gebrüder Grimm dieses wahrscheinlich französischen Märchens ist heute noch die bekannteste. Eine Prinzessin wird bei der Geburt von einer nicht eingeladenen Fee verwünscht: Sie werde sich an einer Spindel stechen und in einen 100jährigen Schlaf fallen, mit ihr das ganze Schloß. Die Weissagung tritt ein. Nach 100 Jahren gelingt es einem Prinzen, in das von Heckenrosen überwucherte Schloß einzudringen und die Prinzessin und ihren Hofstaat aus dem Schlaf zu holen.
Schneewittchen
   Schneewittchen ist ein Mädchen, „weiß wie Schnee, rot wie Blut, schwarz wie Ebenholz", das von der königlichen Stiefmutter gehaßt wird. Ein Jäger soll es im Wald umbringen. Er bringt es nicht übers Herz, und so kommt Schneewittchen zu sieben Zwergen, die im Wald wohnen. Nach vielen Jahren erfährt die hexenhafte Stiefmutter den Schwindel durch Befragung ihres Zauberspiegels („Spieglein, Spieglein an der Wand, wer ist die Schönste im ganzen Land?") und bringt Schneewittchen dazu, von einem vergifteten Apfel zu essen. Es wird jedoch wieder lebendig und heiratet einen Prinzen.
Rumpelstilzchen
   In diesem Märchen der Gebrüder Grimm hilft ein böser Zwerg einer jungen Königin, Stroh zu Gold zu spinnen. Als Lohn verlangt er das erstgeborene Kind der Königin, falls sie nicht seinen Namen (Rumpelstilzchen) erraten kann („Ach wie gut, daß niemand weiß, daß ich Rumpelstilzchen heiß."). Die Königin aber errät den Namen und Rumpelstilzchen fährt vor Wut in den Boden.

b) Bild ansehen, Sätze bilden, z.B. *„Der Riese sammelt Schmetterlinge.", „Schneewittchen sieht fern."* (Wiederholung Wortschatz zu Freizeitaktivitäten)
c) L: Adjektive erklären, evtl. pantomimisch darstellen
d) Adjektive den Personen im Bild zuordnen, Sätze bilden (Aufgaben a, b)
e) Adjektiv-Gegensatzpaare ergänzen (Aufgabe c)

B 5 Sktext: Kostümfest

a) Bild ansehen, Einführungstext und Einladungskarte lesen
b) Dialog von der Cassette hören
c) mit verteilten Rollen lesen, auf Intonation achten
d) in Partnerarbeit den Dialog mit neuen (unten angegebenen) Redewendungen nachspielen

e) in Klassen- oder Partnerarbeit Dialoge für neue Situationen entwickeln, in denen die Sprechhandlungen *Überreden* und *Ablehnen* zum Ausdruck kommen

B 6 Schreibanlaß: Einladungskarte

a) Rasterteile der Einladungskarte lesen
b) in Klassenarbeit mündlich eine Einladungskarte formulieren, dabei jeweils einen Satz aus jedem Rasterteil verwenden
c) in Stillarbeit eine Einladungskarte schreiben

B 7 Fragen

a) Fragen gemeinsam erarbeiten
b) Diskussion bzw. landeskundliche Informationen von L über deutsche Feste (in der Muttersprache)

Landeskundliche Informationen:
Folgende Feste werden in Deutschland von der Mehrheit der Deutschen gefeiert:
Weihnachten (Christi Geburt)
Vielleicht ist es für viele das wichtigste Fest im Jahr. Unabhängig von Konfession (evangelisch/katholisch) oder Gläubigkeit feiern es die meisten Deutschen ähnlich:
Am Heiligabend, d.h. am Abend des 24. Dezember, kommt die Familie zusammen. Man hat vorher einen Weihnachtsbaum (Tanne oder Fichte) gekauft und ihn mit kleinem Holzschmuck, Äpfeln oder anderer Weihnachtsdekoration geschmückt und Kerzen darauf angebracht, die am Abend angezündet werden. Einige Familien gehen vor oder nach der „Bescherung" (Verteilung der Geschenke, die unter dem Weihnachtsbaum liegen) in die Kirche. Viele singen am Heiligabend Weihnachtslieder oder hören Weihnachtsmusik. Man kocht etwas Gutes, sitzt dann anschließend zusammen, öffnet die Geschenke und ißt vielleicht noch ein paar Weihnachtsplätzchen (Kekse), die in der Zeit davor (Advent) gebacken wurden. Den kleinen Kindern erzählt man, der „Weihnachtsmann" oder das „Christkind" hätten die Geschenke gebracht.
Sylvester / Neujahr (Jahreswende)
Am 31. Dezember schließen die Büros schon zu Mittag. Die Leute bereiten sich auf den Abend vor. Man bleibt an diesem Tag mindestens bis Mitternacht auf, um auf das neue Jahr zu warten. Einige gehen vorher in ein Konzert oder in ein Restaurant, andere feiern ein lustiges Fest zu Hause. Um 12 Uhr nachts trinkt man Sekt und wünscht einander ein gutes neues Jahr.
Ostern (Auferstehung)
Zu Ostern gibt es normalerweise kein großes Familienfest. Für Kinder gibt es Ostereier und manchmal kleine Geschenke. Den Kleinen erzählt man, der Osterhase hätte sie gebracht und für sie versteckt. Alle müssen die in der Wohnung oder im Garten versteckten Eier suchen.
Fasching / Karneval
Offiziell beginnt der Fasching am 11.11. um 11 Uhr 11. Praktisch aber feiert man ihn in den Tagen vor Aschermittwoch. Das ist meistens im Februar. In der Karnevalszeit machen viele Leute zu Hause eine Karnevalsparty, oder sie gehen aus. Zu diesen Parties kommen die Gäste in unterschiedlichen Kostümen und Verkleidungen. Am „Rosenmontag" und „Faschingsdienstag" finden in vielen Städten Maskenumzüge statt. In Köln und Mainz werden spezielle Programme geboten. Bekannt sind die „Büttenreden": Verschiedene Leute tragen komisch-witzige Reden vor.

Grammatik

a) **L**: Bildung der Ordinalzahlen bewußt machen
b) in Satzreihen „Heute ist der ..."/„Am ..." einüben, dabei auf die Endung achten
c) in Frage-Antwort-Kette Geburtsdaten erfragen
   Hinweis: von nun an im Unterricht regelmäßig das Datum benennen lassen

C Was möchtest du werden?

C 1 Berufe

a) Angaben lesen
b) Personen und Tätigkeiten zuordnen
c) Sätze mit können bilden, z.B. „Ein Astronaut kann ..."

C 2 Sktext: Ich möchte Fußballspieler werden

a) Dialog von der Cassette hören, mitlesen, nachsprechen
b) mit verteilten Rollen lesen
c) in Klassen-, dann in Partnerarbeit den Dialog mit den Angaben rechts und den Berufen aus C1 variieren
d) *fakultativ:* eigene Traumberufe benennen und im Dialog anwenden

Grammatik

weitere Beispielsätze mit man bilden (z.B. „In Österreich spricht man Deutsch.")

Na so was!

a) Bild ansehen, Personen beschreiben
b) Bild ansehen, Text zudecken, Cassette hören
c) Cassette hören, mitlesen, nachsprechen, imitieren
d) mit verteilten Rollen lesen
e) den Dialog mit anderen Persönlichkeiten variieren, z.B.:
   Johann   – Johann Wolfgang von Goethe
                  Johann Sebastian Bach
   Elisabeth   – Elisabeth Taylor
                  Elisabeth I von England
   (S sollen selbst weitere Personen finden)
e) Dialoge szenisch darstellen, auf die Intonation achten

Lektion 7: Sport

▶ **Einstiegsseite**

a) Bilder ansehen und Bezeichnungen darunter lesen
b) Bilder ansehen und Text von der Cassette hören
c) Text in Abschnitten von der Cassette hören und den Bildern zuordnen

A Welcher Sport ist das?

A 1 Lesetext: Sportarten

a) Texte still lesen und Bilder ansehen
b) Texte und Bilder einander zuordnen

A 2 Hörtext: Wie finden die Leute den Sport?

a) Fotos ansehen und die Texte von der Cassette hören
b) Raster nach dem vorgegebenen Muster erstellen
c) Text von der Cassette in Abschnitten hören und Raster ausfüllen

A 3 Wer macht was?

a) Bilder ansehen
b) Fragen in Klassenarbeit lesen und beantworten
c) in Partnerarbeit weitere Fragen erarbeiten, wobei der erste Teil der Frage *(Welcher Junge ... / Welches Mädchen ... / Welche Sportart ...)* unverändert bleibt
d) die erarbeiteten Fragen in Klassenarbeit beantworten

A 4 Sktext: Welchen Sport magst du?

a) Bild ansehen, Cassette hören, nicht mitlesen, nachsprechen
b) mit verteilten Rollen lesen
c) in Partnerarbeit weitere Dialoge entwickeln
d) mit Hilfe der Vorgaben in Frage-Antwort-Ketten Interessen der Mitschüler erfragen

Grammatik

L: Parallelität der Endungen von bestimmtem Artikel und Fragepronomen *welcher/welches/welche* bewußtmachen; Beispielsätze und Minidialoge entwickeln lassen. Das Erlernen der Akkusativendung kann erleichtert werden, indem der Frage ein Satz mit Akkusativobjekt vorangestellt wird. Beispiel: „*Ich nehme/möchte* **den** *Taschenrechner da.* **Welchen** *nimmst /möchtest du?*"

B Vergleiche

B1 **Lesetext: Wer gewinnt?**

a) still lesen und Abbildungen ansehen
b) Texte laut lesen und ergänzen

B2 **Lesetext: Quiz**

a) still lesen und in Einzelarbeit beantworten
b) in Klassenarbeit verbessern
c) *fakultativ:* weitere Quizfragen in Partnerarbeit entwickeln

Grammatik

a) **L:** Steigerung an Beispielen visuell darstellen (z.b. Größe von drei S vor der Klasse)
b) verschiedene Steigerungsformen üben
c) **L:** Unterschied zwischen *als* und *wie* bewußtmachen und mit Beispielsätzen üben lassen
d) *fakultativ:* Kartenspiel
Spielvorbereitung: Kartensätze mit jeweils vier Karten zu bestimmten Kategorien (Berge, Autos, Tiere etc.) erstellen
Beispiel:

Berg	Berg	Berg	Berg
Kilimandscharo 5895m	Monte Rosa 4634m	Zugspitze 2963m	Brocken 1142m

Spiel: Klasse in Gruppen teilen und alle Karten gleichmäßig verteilen. Gruppe 1 fragt beispielsweise Gruppe 2: *„Habt Ihr Berge?"* Wenn ja, antwortet ein S aus Gruppe 2: *„Ja. Die Zugspitze ist 2963 m hoch."* Der fragende S aus Gruppe 1 vergleicht mit seiner Karte und antwortet: *„Der Kilimandscharo ist höher. Er ist 5895m hoch."* oder *„Die Zugspitze ist höher. Der Brocken ist 1142m hoch."* Die Gruppe, die die Karte mit dem höheren Wert hat, bekommt die Karte der anderen Gruppe, legt das Kartenpaar ab und fragt weiter. Sieger ist die Gruppe mit den meisten Kartenpaaren.

B3 **Sktext: Wer spielt besser?**

a) Bild ansehen, Cassette hören
b) mit verteilten Rollen lesen
c) in Partnerarbeit weitere Dialoge entwickeln

B 4 **Lesetext: Wetten wir?**

a) Text von der Cassette hören, nachsprechen, lesen
b) in Klassenarbeit mit den Vorgaben Wetten formulieren und weitere Wetten erfinden (immer mit Steigerungen)

B 5 **Lesetext: (Noch) kein Massensport**

a) still lesen
b) in der Klasse die eigene Meinung äußern und begründen
Dabei folgende Redemittel verwenden: „Meiner Meinung nach ist ...", „Ich meine ..." (+ Hauptsatz), „Ich finde, ..." (+ Hauptsatz)

B 6 **Hörtext: Joachim ist Leistungssportler**

a) Bild ansehen und Text von der Cassette hören
b) Aussagen still lesen
c) Text noch einmal von der Cassette hören
d) in Klassenarbeit Aussagen als „richtig" oder „falsch" kennzeichnen
e) in Klassenarbeit Fragen beantworten und Stellung nehmen

C Wie findest du das?

C 1 **Ich finde ...**

a) Adjektive lesen, Sätze formulieren, dabei auf die richtige Intonation achten
b) Minidialoge mit verteilten Rollen lesen, dabei Symbole durch Adjektive ersetzen
c) in Partnerarbeit weitere Minidialoge entwickeln

C 2 **Sktext: Was kommt im Fernsehen?**

a) Bild ansehen, Text von der Cassette hören und Sprecher identifizieren
b) Text hören und nachsprechen
c) Text mit verteilten Rollen lesen, verschiedene Varianten anwenden
d) in Partnerarbeit weitere Dialoge entwickeln
e) Minidialog („Kommt jetzt ...") von der Cassette hören, mitlesen, in Partnerarbeit weitere Dialoge entwickeln

C 3 **Fragen und Antworten**

in Partnerarbeit positiv oder negativ formulierte Fragen stellen und entsprechend beantworten

Grammatik

a) Positive und negative Fragen sammeln und in einen Raster an der Tafel eintragen

b) Negationen (*nicht, kein, nichts, nie*) visuell hervorheben und entsprechende Antworten zuordnen
c) Frage-Antwort-Ketten

C 4 **Lesetext: Die Bundesjugendspiele**

a) still lesen
b) Fragen zum Globalverständnis stellen
c) Klassengespräch: „Gibt es solche Wettkämpfe auch in deinem Land?" (Diskussion in der Muttersprache)
d) *fakultativ:* eigene Punktebewertung ausrechnen

D   Treibe Sport, und du bleibst gesund!?

D 1 **Sktext: Ich kann nicht Fußball spielen**

a) Dialog von der Cassette hören
b) Dialog mit verteilten Rollen lesen, verschiedene Varianten anwenden
c) in Partnerarbeit weitere Dialoge entwickeln

Grammatik

a) Konjugation von *können* wiederholen
b) die unterschiedlichen semantischen Bedeutungen von *können* in verschiedenen Kontexten erklären, in Klassenarbeit einüben

D 2 **Findest Du Armin schön?**

a) Figur gemeinsam ansehen und Körperteile benennen
b) auf die eigenen Körperteile zeigen und sie benennen: „*Mein ...*"
c) eine Figur an der Tafel (oder als Collage) erstellen und Körperteile benennen
d) Aufgabe a: L erläutert zunächst Adjektivliste (S. 112) durch Gestik und Intonation. Danach werden die Aussagen der Mädchen laut gelesen und in Klassenarbeit ergänzt.
e) Aufgabe b: weitere Sätze nach den Vorgaben bilden
f) Aufgabe c: passende Sätze zur Abbildung (Figur „Arminia") bilden

Grammatik

a) Possessivartikel in einen Raster an der Tafel eintragen
b) visuelle Hilfe zur Bildung des Possessivartikels durch Pfeile oder Farben, z.B.:
Arminia   ← |ihr|e| →   Beine
c) *Spiel:* „Personenraten"
Spielvorbereitung: verschiedene männliche und weibliche Figuren aus Zeitschriften ausschneiden und zu einer Collage zusammenstellen
Spiel: Ein S beschreibt eine Figur (nur die Gestalt, nicht die Kleidung), die Klasse rät. Wer richtig geraten hat, bekommt einen Punkt.

| D 3 | **Sktext: Freitag abend** |

a) Bild ansehen, Dialog von der Cassette hören
b) mit verteilten Rollen lesen
c) in Partnerarbeit weitere Dialoge entwickeln

| D 4 | **Sktext: Später** |

a) Bild ansehen, Dialog von der Cassette hören
b) mit verteilten Rollen lesen
c) in Partnerarbeit weitere Dialoge entsprechend D3 entwickeln
d) Dialoge D3 und D4 szenisch darstellen

| D 5 | **Sktext: Beim Arzt** |

a) Bild ansehen, Dialog von der Cassette hören
b) Dialog mit verteilten Rollen lesen
c) in Partnerarbeit weitere Dialoge entwickeln, szenisch darstellen (mit Gestik unterstützen)

E Supersport

| E 1 | **Lesetext: Reklame im Sport** |

a) still lesen
b) laut lesen, auf Intonation achten
c) Fragen zum Text beantworten und Stellung nehmen

| E 2 | **Spiel: Hürdenlauf** |

Spielvorbereitung: Spielsteine und Würfel mitbringen
In Kleingruppen spielen!

Na so was!

a) Lied von der Cassette hören
b) Lied noch einmal hören, Melodie mitsummen
c) L liest Text vor, S lesen still mit und sprechen nach
d) Text rhythmisch lesen
e) Lied von der Cassette hören, Text still mitlesen
f) Lied von der Cassette hören, mitsingen

Lektion 8: Musik

▶ **Einstiegsseite**

a) Bilder der deutschsprachigen Musiker (Popsänger und klassische Komponisten) ansehen
b) Collage in der Mitte ansehen, Körperteile identifizieren und Sätze bilden

A Welche Musik magst du?

A 1 Lesetext: Kleine Geschichte der deutschen Popmusik

a) Bilder ansehen
b) Texte still lesen
c) Texte und Bilder zuordnen

A 2 Sktext: Alfred und Freddy

a) Text von der Cassette hören und mitlesen
b) in Klassenarbeit Freddys Aussagen ergänzen

Grammatik

a) **L:** Bildung des Perfekt erläutern
b) mündlich Übungssätze aus dem Präsens ins Perfekt übertragen
c) *fakultativ:* Ratespiel: S haben die Augen geschlossen. Ein S stellt eine Tätigkeit (z.B. gehen, schreiben, lesen etc.) pantomimisch dar. Die Klasse rät: *„Hast du ...?" / „Bist du ...?"*

A 3 Sktext: Wo warst du?

a) Bild ansehen, Cassette hören
b) mit verteilten Rollen lesen
c) in Partnerarbeit weitere Dialoge entwickeln; um Fehler zu vermeiden, die Partizipien in der Tabelle nachsehen

Grammatik

Konjugation von *sein* im Präteritum üben

A 4 Hörtext: Vater und die Popmusik

a) Text von der Cassette hören
b) Fragen lesen
c) Text noch einmal hören, Fragen beantworten

A 5   **Welche Musik magst du?**

in Klassen- oder Partnerarbeit entsprechend den angegebenen Satzmustern Fragen stellen und beantworten

B   *Klassische Musik*

B 1   **Quiz: Berühmte Komponisten**

a) Einleitung gemeinsam lesen und Quizfrage 1 beantworten
b) in Stillarbeit Quizfragen lösen
c) gemeinsam verbessern
d) *fakultativ:* L gibt Informationen zu den berühmten deutschsprachigen Komponisten

B 2   **Lesetext: Mozart – das Wunderkind**

a) still lesen
b) Fragen zum Globalverständnis stellen (L beginnt, S machen weiter)
c) Interview mit verteilten Rollen laut lesen
d) Schreibanlaß:
- in Klassenarbeit gemeinsam die ersten Sätze formulieren
- in Stillarbeit den Artikel schreiben
- gemeinsam verbessern

C   *Rockmusik*

C 1   **Lesetext: Pünktchen – Pünktchen**

a) Einleitung gemeinsam lesen
b) Interview still lesen
c) Aufgabe a gemeinsam lesen, Textstellen im Text suchen und Sätze ordnen
d) Aufgabe b und c in Stillarbeit lösen, anschließend besprechen
e) Aufgabe d in Stillarbeit lösen, anschließend die Lösungen vortragen

C 2   **Sktext: Darf ich heute?**

a) Bild ansehen, Cassette hören
b) mit verteilten Rollen lesen
c) in Partnerarbeit weitere Dialoge entwickeln

Grammatik

a) Konjugation des Modalverbs *dürfen* einüben
b) **L:** den semantischen Unterschied zwischen *dürfen* und *können* anhand der Beispielsätze bewußtmachen

C 3 **Sktext: Kein Taschengeld mehr**

a) Bild ansehen, Cassette hören
b) mit verteilten Rollen lesen
c) in Partnerarbeit weitere Dialoge entwickeln

Grammatik

a) **L:** auf die gleiche Endung von Artikel und Indefinitpronomen hinweisen und visuell kennzeichnen: *der – einer / das – eins / den – einen* etc.
b) in Klassenarbeit Minidialoge als Übungsdialoge entwickeln, z.B.:
● *„Kauf doch ein Poster!"*
▲ *„Ich habe schon eins."*

C 4 **Sktext: So viele Sachen!**

a) Dialoge von der Cassette hören
b) Dialoge mit verteilten Rollen lesen
c) in Partnerarbeit weitere Dialoge entwickeln

C 5 **Deutsches Geld**

a) **L:** wenn möglich, zur Demonstration echte Münzen und Scheine mitbringen
b) in Klassenarbeit deutsche Währung mit eigener Währung vergleichen und umrechnen

C 6 **Spiel: Was weißt du über deutsche Musik?**

Spielvorbereitung: Spielsteine und Würfel mitbringen, Fragekarten erstellen, z.B. als Hausaufgabe (Schreibübung)
In Kleingruppen spielen!

D *Ein Instrument spielen*

D 1 **Lesetext: Ich möchte ein Instrument kaufen**

a) Anzeigen still lesen, Anzeigen und Abbildungen einander zuordnen
b) in Partnerarbeit Telefongespräche entwickeln, dazu die vorgegebenen Fragen verwenden
c) Telefongespräche szenisch darstellen (Gesprächspartner dürfen sich nicht ansehen!)
d) *fakultativ:* Rollenspiel: Kauf eines Instruments – jeweils ein S als Käufer bzw. Verkäufer

D 2   **Sktext: Diese Zwillinge!**

a) Dialog von der Cassette hören, mitlesen
b) mit verteilten Rollen lesen, wobei immer zwei S (als Zwillinge) gemeinsam sprechen
c) in Kleingruppen (3 oder 4 S) weitere Dialoge entwickeln

Grammatik

a) gemeinsam Liste aller Possessivartikel erstellen
b) in Minidialogen (mindestens 3 S in einer Gruppe) einüben, z.B.:
▲ „Ist das euer ..." ● „Nein, das ist nicht unser ..."
oder
▲ „Hast du unseren ..." ● „Nein, ich habe euren ... nicht!"

D 3   **Sktext: Hast du heute schon ...?**

a) Bild ansehen, Cassette hören
b) mit verteilten Rollen lesen
c) in Partnerarbeit weitere Dialoge entwickeln

D 4   **Sktext: Warum nicht?**

a) Dialog von der Cassette hören
b) mit verteilten Rollen lesen
c) in Klassen- und Partnerarbeit weitere Dialoge entwickeln
d) Frage-Antwort-Kette (Fragen und Antworten aus den Angaben entnehmen)

Grammatik

a) **L:** Satzstellung im Nebensatz mit beweglichen Wortkarten oder Pfeilen visuell darstellen
b) Transformationsübungen vom Hauptsatz zum Nebensatz, auch kombiniert mit *Warum*-Frage
c) Spiel
Spielvorbereitung: Warum-Fragen auf rote Karten und passende Antworten (Nebensatz mit *weil*) auf blaue Karten schreiben. Karten mischen und verteilen.
Spiel: Jeder S erhält eine rote und eine blaue Karte. S1 stellt S2 seine Frage. Dieser liest seine Antwort vor.
Paßt die Antwort, gibt er S1 seine beiden Karten. S1 legt passendes Kartenpaar ab und stellt S3 die nächste Frage.
Paßt die Antwort von S2 nicht, macht er mit seiner Fragekarte weiter.
Sieger ist, wer die meisten Kartenpaare hat.

Na so was!

Schlager

a) Einleitung lesen
b) in Klassenarbeit Reimspiele ergänzen und eventuell Reimwörter finden
c) in Partnerarbeit Schlagertext ergänzen
d) Lösungen vortragen
e) Musik von der Cassette hören und mitsummen
f) Schlager (einschließlich der Rhythmussilben) rhythmisch sprechen
g) den Schlager zu der Musik auf Cassette singen

Lösungsvorschlag:
1. Du warst mein ganzes Leben,
   Du hast mir <u>viel gegeben.</u>
   Du warst mein ganzes Glück.
   Ach, bitte <u>komm zurück</u>.

Refrain:
   Ich habe keine Ruh'
   Ich frag' mich, wo <u>bist du</u>.
   Du läßt mich so allein.
   <u>Und ich muß traurig sein.</u>

2. Ich kann dich nicht verstehen.
   Ach, warum <u>mußt du gehen?</u>
   Du warst mein ganzes Glück.
   Ach, bitte <u>komm zurück</u>.

3. Ich liebe dich noch immer.
   So leer ist <u>jetzt mein Zimmer</u>.
   Du warst mein ganzes Glück.
   Ach, bitte <u>komm zurück</u>.

4. Du weißt, ich liebe dich.
   Ich weiß, <u>du liebst auch mich</u>.
   Du bist mein ganzes Glück.
   <u>Ach, bitte komm zurück.</u>

Lösungsschlüssel zum Lehrbuch

Lektion 1

▶ **Einstiegsseite**

1	2	3	4	5	6	7	8
D	B	E	A	G	H	C	F

B 4   Ich heiße Robert. Ich komme aus Amerika. Ich wohne in Berlin. Ich spiele Tennis.

C 2   vgl. Transkription des Hörtextes, S. 82

D 1   Er heißt Thomas./ Er heißt Peter./ Sie heißt Petra.

D 2   a) Daniel b) Ralf c) Thomas d) Robert e) Karin f) Susanne g) Claudia h) Tina

D 3   a) Thomas b) Freund c) Bremen d) Frankfurt

Lektion 2

▶ **Einstiegsseite** Nr. 1 Mama Nr. 2 Papa Nr. 3 Opa Nr. 4 Tante Anni Nr. 5 Oma Nr. 6 Onkel Hans

A 1   *Das ist …* : **1**   *Und das …* : **2**   *Wer ist …* : **5**   *Wo ist …* : **4**   *Und das ist …* : **7**   *Wo bist …* : **6**   *Sind meine Eltern …* : **9**

A 2   1 Mein/dein 2 Ein 3 Deine/eine 4 Eine/Ein 5 Deine/dein/deine/meine

B 1   Hallo Jörg! Meine Freundin aus Zürich ist da. Sie heißt Yvonne. Kommst du? Dein Wolfi.

B 2   vgl. Transkription des Hörtextes, S. 82

C 2   a) richtig b) richtig c) falsch d) richtig e) falsch f) falsch / Sonja: „Thomas ist mein Bruder." Jörg: „Andreas ist mein Bruder."

D 1   Wo ist der Zauberer? Seiten: 17/18/23/32/37/48/58/75/81/92/105/110; die Summe ist 696.

D 2   Bartel Maria / Bloße Martha / Büttner Sigfried / Brindel Karla / Bucher Annemarie / Binser Jürgen / Bötticher Karl / Bließl Andrea / Besenstiel Ingo

E 3   Er liest. Er möchte Fußball spielen. / Sie schreibt. Sie möchte malen. / Sie arbeitet. Sie möchte lesen.

E4 Stefan Huber / München / 11 / eine Schwester, Cornelia Sigrid Wöhrmann / Aachen / 15 / keine Monika Spann / Köln / 13 / keine Marco Satori / Düsseldorf / 14 / eine Schwester, Stella / zwei Brüder, Claudio und Alfonso

E5 Ich turne. Du möchtest lesen. Er schreibt. Vater arbeitet. Oma singt. Ich lese. Sie möchte malen. Du rechnest. Hans wohnt in Wien. Ich heiße Maria. Er singt. Mein Hund heißt Franzi. Michael kommt aus Deutschland. Du spielst. Er heißt Robert. Meine Schwester heißt Susi. Ich möchte schreiben. Karin spricht mit Gabi. Er spielt Tennis. Hans möchte turnen. Ich lerne. Meine Mutter wohnt (arbeitet) in München. Oma spielt Gitarre.

Lektion 3

▶ **Einstiegsseite** 2 Sport, 8a 3 Geographie, 9a 4 Musik, 8b 5 Biologie, 5a 6 Deutsch, 7a 7 Mathematik, 9b 8 Englisch, 6a 9 Chemie, 11a

A1 *Montag:* Chemie, Geschichte, Geographie, Mathematik, Sport / *Dienstag:* Deutsch, Englisch, Mathematik, Französisch, Kunst / *Mittwoch:* Mathematik, Deutsch, Physik, Englisch, Religion, Französisch / *Donnerstag:* Englisch, Französisch, Deutsch, Chemie, Musik / *Freitag:* Französisch, Mathematik, Biologie, Englisch, Physik, Religion

A3 *Bernd:* Dienstag: zwei Stunden Mathe / Donnerstag: Biologie / Freitag: Biologie *Monika:* Dienstag: Mathe / Freitag: Latein, Physik, zwei Stunden Deutsch

B1 Wir heißen Robert, Albert und Herbert. Wir wohnen in Stuttgart. Wir sind in der 7b. Wir haben Deutsch, Englisch und Mathematik.

B2 1 wie 2 woher 3 Wie alt

C1

A	B	C	D	E	F	G	H	I
5	6	9	2	3	8	1	7	4

C2 gehen / haben, lernen / heißen / gehen / sind sie / sind / Sie sind / wohnen sie / Gehen

C3 a) (Sie heißt Christiane Maria) Horn. b) (Sie hat in Deutsch) eine Drei. c) (Sie hat in Sport) eine Eins. d) (Sie ist) in Musik, Sport, Erdkunde und Sozialkunde (gut). e) Sie ist in Religion, Latein, Mathe und Wirtschafts- und Rechtslehre nicht so gut. f) (Die Schule heißt) Gebrüder-Grimm-Gymnasium. g) Nein. (Sie ist nicht so gut in der Schule.)

C4 a) r b) f c) f d) r e) r f) ? g) f

D1 vgl. Transkription des Hörtextes, S. 84

D5 Mäppchen: A2 / Kreide: C2/3 / Füller: B4 / Lineal: C2 / Spitzer: C4 / Tasche: C1 / Heft: A1 / Schere: A5 / Buch: A2, 4, 5 / Malkasten: B1

E1 1 eine / Die 2 ein / Der 3 ein / Der 4 ein / Das 5 eine / Die 6 eine / die 7 ein / Der 8 ein / Das

E5

	Hefte	Spitzer	Blöcke	Brüder	Mappen	Blätter	Radier-gummis	Bücher
a	x	x	x		x	x		x
b	3	2	1		5	100		2
c	x				x	x		x

Lektion 4

▶ **Einstiegsseite**

1	2	3	4	5	6
F	B	D	E	A	C

A1

1	2	3	4	5
E	D	A	B	C

A4 D – A – F – C – E – B

B2 *Beispiel:* g 1b 2h 3e 4d 5a 6c, f, i

B7

1	2	3	4	5	6
F	B	D	E	A	C

C1 vgl. Transkription des Hörtextes, S.86

C2 2 – 7 – 1 – 4 – 6 – 3 – 9 – 8 – 5

C5 Buch Seite 62 lesen und Aufgabe machen; zwei Dialoge machen, wie im Buch, Seite 57 Nr. B4; Grammatik, Seite 67, lernen; Arbeitsheft, Lektion 4, Nummer 3 und 4 machen

C 6 Die SMV hilft den Schülern bei Problemen. / (... arbeitet in der Schülerbibliothek mit) / ... hat Kontakt mit dem Schuldirektor. / ... spricht mit den Lehrern.

Lektion 5

▶ **Einstiegsseite** Peters Hobbys sind Gitarre spielen, lesen, Computerspiele machen, ins Kino gehen und Musik hören.

A 1 *Die Hobbys von heute:* Fußball spielen / ins Kino gehen / Musik hören / Freunde treffen / tanzen / Computerspiele machen / fernsehen / radfahren
Die Hobbys von damals: sticken / stricken / Tennis spielen / wandern / Pflanzen und Schmetterlinge sammeln / Klavier und Geige spielen

A 4 a) r b) f c) f d) r e) f f) f

B 5 a) Der Bus fährt in 20 Minuten. b) Es ist 20 vor 8. c) Heute ist Sonntag.

C 1

6	7	8	13	15	17	18	21	Uhr
A	F	E	H	B	G	C	D	

C 2 a) Claudia muß früh aufstehen. Sie muß in die Schule gehen, Hausaufgaben machen und lernen. Sie muß ins Bett gehen. b) Claudia kann lang schlafen, kann schon am Vormittag Freundinnen treffen, fernsehen, lesen, ...

D 1 1 Er geht auf den Fußballplatz. 2 Er geht ins Schülercafé. 3 Sie fährt in die Stadt. 4 Er geht zu Paul. 5 Sie geht ins Schwimmbad. 6 Sie geht nach Hause. 7 Sie geht in die Disco.

D 4 in die Stadt fahren, zu Melody Store gehen und eine Schallplatte (Beethoven, 5. Symphonie) kaufen, bei Hertie eine Geburtstagskarte kaufen, einen Blumenstrauß mitbringen, um 6 Uhr wieder zu Hause sein

D 6 *Beispiele:* Die Mädchen lesen am liebsten. Die Jungen machen am liebsten Sport. Die Mädchen computern nicht so gern. Die Jungen pflegen nicht so gern Tiere. Die Jungen hören gern Musik, die Mädchen hören auch gern Musik. Die Mädchen lesen gern, die Jungen machen lieber Sport. ...

Lektion 6

A 1 Andreas möchte in die Karibik fahren. / Cornelia möchte in den Dschungel fahren. / Philipp möchte auf den Mond fahren. / Monika möchte nach Amerika fahren.

A 5

A	B	C	D	E	F	G
2	1	5	7	6	3	4

B 3 a) (Sonny Glück heißt) Andreas Humpe. b) (Er ist) 25 Jahre (alt). c) (Er wohnt) überall. Er hat keine feste Adresse. d) Er schläft so lang er will. Er geht Schwimmen oder ins Kino. Er macht Reisen. Er fährt nach Amerika, Indien, Neuseeland und in die Südsee. e) Er spielt Gitarre. Die Leute geben dann Geld.

B 4 a) 2 Hexe 3 Vampir 4 Zwerg 5 Riese 6 Dornröschen 7 Rumpelstilzchen 8 Aschenputtel 9 Schneewittchen   c) klein – groß / langsam – schnell / häßlich – schön / unfreundlich – freundlich / jung – alt / kalt – warm / voll – leer / billig – teuer / schwach – stark / uninteressant – interessant

C 1 2h, 3a, 4b, 5d, 6i, 7e, 8g, 9c

Lektion 7

▶ **Einstiegsseite** Nr. 1: Fußball Nr. 2: Reiten Nr. 3: Leichtathletik Nr. 4: Tennis Nr. 5: Schwimmen Nr. 6 Eishockey

A 1

A	B	C	D	E	F
4	6	1	5	2	3

A 2 Karin / 16 / tanzen / Sie findet Sport toll. *Eva* / 15 / in der Disco tanzen / Sie mag keinen Sport. *Jürgen* / 12 / Schach spielen / Er mag am liebsten Denksport. *Martina* / 11 / Leichtathletik / Sie findet Sport schön. *Thomas* / 17 / Handball und Schi fahren / Sport ist für Thomas wichtig.

A 3 1 Schwimmen 2 Fechten 3 Tennis 4 Leichtathletik 5 Tanzen/Ballett 6 Reiten 7 Schi fahren 8 Tauchen

B 1 1 einen Meter siebzig 2 ein/zwei 3 15,3/15 4 acht/vier

B 2 a) A b) C c) B d) B e) A f) C

B 6 a) falsch b) richtig c) falsch d) falsch e) richtig f) falsch g) richtig h) falsch

Lektion 8

▶ **Einstiegsseite** Die Haare sind von Ludwig van Beethoven. Die Augen sind von Nina Hagen. Die Nase ist von Johann Sebastian Bach. Der Mund ist von Richard Wagner. Die Gitarre ist von Falco. Die Beine sind von Udo Lindenberg.

A1

1	2	3	4	5	6	7	8	9
E	I	G	F	C	B	H	A	D

A4 a) (Tina hört gerade) Pünktchen. b) (Vater findet diese Musik) entsetzlich. c) (Der Vater ist) 47 (Jahre alt). d) (Er hat früher die) Beatles, (die) Rolling Stones und (die) Rattles (gehört). e) Für die Großeltern war das keine Musik, nur Krach und Lärm. f) Vater redet wie die Großeltern. g) Ihr Vater ist jetzt nicht mehr böse.

B1 1K 2O 3M 4P 5O 6N 7I 8S 9T 10E 11N *Lösungswort:* KOMPONISTEN

C1 a)

2
4
3
1

b)

4
1
3
2

c)

3
1
4
2

d) **2** „… eine Sängerin, die 12 Jahre alt ist und inzwischen auch voll integriert ist" (Zeilen 13-14) **3** „In unserer Schule sind Arbeitsgemeinschaften angeboten worden …" (Zeilen 17-18) **4** „Und dann kamen immer größere Auftritte …" (Zeilen 28-29)

D1

1	2	3	4	5	6	7
E	B	A	C	F	D	G

Lösungsschlüssel zum Arbeitsbuch

Lektion 1

1. a) Guten Morgen. b) Hallo. – Grüß dich. c) Guten Abend. – Guten Abend. d) Tschüs. – Tschüs. e) Guten Tag. – Guten Tag. f) Auf Wiedersehen. – Auf Wiedersehen.

2.

2	3	4	5	6
b, d, f	a, e	a, c	b, d, f	a

3. a) heiße b) Bist c) bist – bin d) bin

4. b) 1 c) 2 d) 2 e) 3 f) 3

5. ▲ Hallo. Wer bist du denn?   ▲ Spielst du Fußball?
   ● Ich bin Thomas. Und du?   ● Nein, tut mir leid.
   ▲ Ich heiße Michael.   ▲ Schade! Also dann tschüs.
   Bist du neu hier?   ● Tschüs.
   ● Ja.

6. b) ie c) ß d) w e) ch f) ü g) sp h) sch

7.
```
              G r ü ß
          n e u
      s p ä t e r
          W e r
            N e i n
          T a g
          I c h
            h e i ß t
   S p i e l s t
```
   Gute Nacht

8.

2	3	4	5	6	7
e	g	a	a/f	d	c

9. a) Wie heißt du? b) Woher kommst du? c) Wo wohnst du? d) Wer bist du? e) Kommst du aus Italien? f) Wohnst du in Berlin? g) Bist du Petra/Claudia/…?

10. ▲ Hallo. Ich bin Julia. Und du?
    ● Ich heiße Pedro.

▲ Du sprichst aber gut Deutsch.
● Na ja, ich wohne doch in Deutschland.
▲ Wo denn?
● In München.
▲ In München? Na so was! Ich wohne auch in München.

11. ▲ heiße ● Kommst ▲ komme ● sprichst ▲ wohne ● wohne – spreche

12. ▲ H<u>a</u>llo! Ich b<u>i</u>n Karl. Und w<u>er</u> bist <u>du</u>?
● Ich h<u>ei</u>ße Carlo.
▲ Du spri<u>ch</u>st aber gut De<u>u</u>tsch. Wo<u>h</u>er komm<u>st</u> du denn?
● Ich kom<u>me</u> aus <u>I</u>talien. Und du?
▲ Aus K<u>ö</u>ln. Das ist in Deu<u>t</u>schland.
● Ich weiß. Ich wo<u>h</u>ne in Bonn.
▲ Na so <u>w</u>as!

13. b) Nein, du kommst nicht aus Österreich. c) Nein, du wohnst nicht in Stuttgart. d) Nein, du sprichst nicht gut Englisch. e) Nein, du spielst nicht gut Tennis.

14. a) MÜNCHEN b) STUTTGART c) FRANKFURT d) BERLIN e) HAMBURG f) ROSTOCK

15. b) 3 c) 1 d) 1 e) 2 f) 3

16. Wie heißt du? Woher kommst du? Aha! Und wie alt bist du? Was spielst du? *freier Text*

17. a) Sie ist b) Er wohnt c) Sie kommt d) Er ist e) ... kommt sie? f) ... wohnt sie? g) ... ist er?

18.

ich	wohne	komme	heiße	spreche	bin
du	wohnst	kommst	heißt	sprichst	bist
er/sie	wohnt	kommt	heißt	spricht	ist

19. b) Nein, Markus Moser (er) kommt nicht aus Österreich. c) Nein, Cornelia (sie) wohnt nicht in München. d) Nein, Winnetou (er) spricht nicht Deutsch. e) Nein, er heißt nicht Florian. f) Nein, sie ist nicht 12 Jahre alt.

20. a) Er spricht Spanisch. b) Sie spricht Französisch. c) Er spricht Englisch. d) Sie spricht Italienisch. e) Er spricht Englisch. f) Sie spricht Deutsch. g) Er spricht Chinesisch. h) Er spricht Portugiesisch. i) Sie spricht Russisch. j) Er spricht Spanisch.

21. Liebe Oma, Frankfurt, den 9.12.19..
mein Freund heißt Thomas, nicht Jonas. Und er kommt auch nicht aus Jemen. Er kommt aus Bremen. Und er wohnt jetzt hier in Frankfurt. Er ist dreizehn Jahre alt. (Er ist dreizehn Jahre alt. Und er wohnt jetzt hier in Frankfurt.)
Viele liebe Grüße Dein Peter

22.

Werner Rot	Miguel Ramirez	Marco Peri	Robert Klein	Peter Miller
Österreich	Spanien	Italien	Luxemburg	England
Stuttgart	Köln	Hamburg	München	Bremen
15	16	13	12	14

a) Marco Peri b) Robert Klein c) Miguel Ramirez

23. b) bin c) komme d) verstehe e) spreche f) wohne g) spiele
Das ist Julien. Er kommt aus Frankreich. Er ist neu hier. Er spricht noch nicht so gut Deutsch. Er wohnt jetzt in Deutschland. Er spielt gern Fußball. (Er ist neu hier. Er kommt aus Frankreich. Er wohnt jetzt in Deutschland. Aber er spricht noch nicht so gut Deutsch. Er spielt gern Fußball.)

24. a) – e) *in der Muttersprache ergänzen*

Lektion 2

1. b) Bruder c) Opa d) Freundin e) Onkel

2. a) Wie heißt denn dein Hund? Bello. b) Heißt deine Schwester Maria? Nein, sie heißt Marianne. c) Wie alt ist dein Bruder? Achtzehn. d) Ist das deine Mutter? Nein, meine Tante. e) Ist das dein Bruder? Nein, das ist mein Freund. f) Wer ist das denn? Das ist eine Freundin von Peter.

3. a) ist – ist b) sind c) Sind d) Ist e) sind f) ist – ist

4. Das ist mein Bruder. Das ist meine Schwester. Das ist mein Opa. Das ist mein Hund. Das ist meine Mutter. Das ist meine Oma. Das ist meine Katze.

5. b) deine – eine c) meine d) meine e) dein – Mein f) deine g) deine – deine h) dein i) Eine

6. b) 3 c) 1 d) 3

7. b) 2 c) 3 d) 1 e) 1 f) 2

8. a) Wie heißt du? b) Wer ist das? c) Woher kommst du / kommt …? d) *freie Formulierung, z.B. Spielst du Tennis?* e) Kommst du aus Spanien/Deutschland/…? f) Wie heißt du? / Wer bist du?

9. Hallo Sonja, mein Vater ist in München. Meine Mutter ist auch nicht da. Kommst du? Jörg kommt auch. Bis später. Tschüs Dein Roman

10. Köln, mein, wohnst, du, ist, München, kommt, wer

11. 32, 54, 28, 93, 76, 12, 16, 61, 41, 88, 24, 19, 75, 63, 100

12.
```
            a c h t u n d v i e r z i g
            e i n u n d d r e i ß i g
      s i e b e n u n d s i e b z i g
    f ü n f u n d a c h t z i g
            v i e r z e h n
            v i e r u n d s e c h z i g
                  t a u s e n d
            hundert
```

13.
2	3	4	5	6	7	8
d	g	f	a	h	c	e

14.
Infinitiv	schreiben	arbeiten	lesen	zeichnen	singen	
ich	schreibe	arbeite	lese	zeichne	singe	möchte
du	schreibst	arbeitest	liest	zeichnest	singst	möchtest
er/sie	schreibt	arbeitet	liest	zeichnet	singt	möchte

15. b) turnst c) rechne d) liest e) lese f) schreibt

16. b) Mein Bruder ist siebzehn. c) Er heißt Kaspar. d) Papi arbeitet in München. e) Mami arbeitet auch. f) Meine Familie wohnt in Vaterstetten. g) Das ist 5 km von München. h) Meine Oma kommt aus Stuttgart, sie wohnt aber auch in Vaterstetten.

17. *freie Wahl*

18. ▲ Hallo, Claudia.
    ● Hallo, Klaus.
    ▲ He, was ist denn?
    ● Ach, ich möchte so gern Gitarre spielen. Aber meine Gitarre ist kaputt.

▲ Schade! Du, ich spiele heute Fußball. Möchtest du mitspielen?
● Fußball? Au ja!
▲ Also, los.

19. b) Möchtest du malen? c) Möchtest du zeichnen? d) Möchtest du turnen?
e) Möchtest du lesen? f) Möchtest du ... (*freie Wahl*)?

20. a) Vater möchte nicht lesen. b) Oma möchte singen. c) Opa möchte nicht schreiben. d) Mutter möchte nicht malen. e) Der Zauberer möchte turnen. f) Anna möchte rechnen.

21. Liebe Anette, München, den ...
meine Mutter ist in Stuttgart, mein Bruder auch. Papi arbeitet. Und ich bin allein zu Hause. Möchtest du nicht kommen? Jetzt sind doch Ferien!
Bis bald und viele Grüße   Deine Monika

22. b) eu c) ch d) h e) ß f) ei g) ö h) ie i) w j) ü k) v

Lektion 3

1. Mittwoch, Mathe, Religion, Deutsch, Dienstag, Physik, Samstag, Englisch, Freitag, Kunst

2. a) Cornelia hat am Montag Sport. b) Sie hat am Dienstag Kunst. c) Sie hat am Mittwoch Chemie. d) Sie hat am Donnerstag Englisch. e) Sie hat am Freitag Französisch und Kunst.

3. Hallo Petra,
heute ist Montag. Das ist blöd. Ich habe zwei Stunden Mathe und eine Stunde Englisch. Der Englischlehrer ist nicht nett. Hast du heute auch Mathe? Kommst du morgen? Peter macht eine Party.
Bis bald   Claudia

4. *freie Wahl*

5. b) 2 c) 3 d) 3 e) 1 f) 2

6. b) komme c) Singt – schreiben d) macht e) liest f) spielen g) malst h) Lest i) arbeitet j) wohnen

7.

2	3	4	5
e	a	b	c

8. a) Was habt ihr denn jetzt? Zwei Stunden Sport. b) Wie viele Stunden Englisch habt ihr? Vier. c) Was machst du denn? Ich lese. d) Wir haben jetzt Mathe, und ihr? Wir haben auch Mathe. e) Kommt ihr heute? Ja, klar. f) Was macht ihr denn? Wir machen Hausaufgaben.

9. b) 1 c) 3 d) 1 e) 2 f) 3

10. a) Sie heißen auch Lempel. b) Sie kommen auch aus Deutschland. c) Sie wohnen auch in München. d) Sie gehen auch in die Schule. e) Sie machen auch gern Sport. f) Sie haben auch Wandertag. g) Sie bekommen ein Zeugnis.

11. Was hast du am Montag? Wir/Sie lesen in Deutsch. Ihr seid fünfzehn Jahre alt. Wir/Sie kommen aus München.
    oder:
    Was hast du in Deutsch? Wir/Sie lesen am Montag. Ihr seid fünfzehn Jahre alt. Wir/Sie kommen aus München.

12. Sie heißen Peter, Paul und Petra. Sie sind 13/14/15/… Jahre alt. Sie kommen aus Deutschland/Österreich/… Sie gehen in die Hauptschule/Realschule/ in das Gebrüder-Grimm-Gymnasium. Sie haben Mathe, Englisch, …

13.
ich	du	er/es/sie	wir	ihr	sie
komme	liest	schreibt	haben	schreibt	haben
möchte		kommt	machen	kommt	machen
		möchte	sind	möchtet	sind
		liest		lest	

14.
	haben	sein	schreiben	lesen	sprechen
ich	habe	bin	schreibe	lese	spreche
du	hast	bist	schreibst	liest	sprichst
er/es/sie	hat	ist	schreibt	liest	spricht
wir	haben	sind	schreiben	lesen	sprechen
ihr	habt	seid	schreibt	lest	sprecht
sie	haben	sind	schreiben	lesen	sprechen

15. 2 Füller 3 Spitzer 4 Kreide 5 Schere 6 Blatt 7 Lineal 8 Heft 9 Tasche → Bleistift

16. b) 1 c) 3 d) 1 e) 1

17. a) He, was ist denn? Ach, mein Matheheft ist weg. b) Wo ist denn nur mein Heft? Tut mir leid. Das weiß ich nicht. c) Ist das dein Mathebuch? Ach ja, danke. d) Was hast du in Mathe? Eine Drei. e) Was habt ihr in der ersten Stunde? Mathe. f) Hast du eine Sechs in Mathe? Ach, laß mich in Ruhe.

18.

2	3	4	5	6
d/e	d	a/d	b/d	c/d

19. a) kein – ein b) eine – keine c) keine – eine d) eine – keine – ein e) Ein – kein

20. *der* Lehrer, Bruder, Bleistift, Füller, Spitzer *das* Heft, Blatt, Buch, Mäppchen *die* Kreide, Schere, Oma, Tasche

21. • Hier, Frau Meier. • Oh, Entschuldigung. • Moment, bitte. • Tut mir leid. Das Heft ist weg. • So ein Mist.

22. a) das/ein b) ein – Ein – Das c) ein – ein – das d) die – eine/die e) ein – der – eine – die – die – (–) (*Plural*) – (–) (*Plural*)

23. a) er b) sie c) es d) sie e) er – er

24. b) die Freundinnen c) die Lehrer d) der Pinsel e) die Blätter f) die Schwester g) das Lineal h) die Fotos i) die Blöcke j) die Tasche k) die Brüder l) die Bilder

25.

Maskulinum	Neutrum	Femininum	Plural
der	das	die	die
ein	ein	eine	–
mein	mein	meine	meine
dein	dein	deine	deine
kein	kein	keine	keine
er	es	sie	sie

26. b) nicht c) nicht d) nicht e) keine – nicht f) nicht g) kein

27. ▲ Bello! Bello! Entschuldigung. ▲ Bello. Und du? ▲ Wie heißt du? ▲ Ich bin Anja.

Lektion 4

1. b) Niemand hat die Aufgaben. c) Ich habe nichts vergessen. d) Alle sind zu Hause. e) Du machst immer Hausaufgaben.

2. Lehrer: Also, wir spielen heute Fußball.
   Klasse: Oh, toll! Super!
   Lehrer: Jürgen, was ist denn los?
   Jürgen: Tut mir leid.
   Ich habe das Turnzeug vergessen.
   Lehrer: Na ja, du spielst eben heute nicht.
   Also los! Wo habe ich denn nur ...?
   Verflixt! Ich habe den Fußball vergessen.
   Jürgen: Na ja, wir spielen eben heute nicht.

3. Klassenbuch, Schwamm, Malkasten, Zeitung, Telefonbuch, Taschenmesser, Atlas, Schlüssel, Fön, Notenbuch, Bürste, Zirkel

4. a) den b) den – den – Den c) den – der d) den – Den e) der – der f) Der g) den – der h) Der – den

5.

	Schwamm	Kamm	Zeitung	Schlüssel	Taschenmesser
Hier ist ...	der Schwamm	der ...	die ...	der ...	das ...
Ich habe ...	den Schwamm	den ...	die ...	den ...	das ...
Hast du ...?	den Schwamm	den ...	die ...	den ...	das ...
Wo ist ...?	der Schwamm	der ...	die ...	der ...	das ...
Er möchte ...	den Schwamm	den ...	die ...	den ...	das ...

6. Wo ist der Papierkorb/Fön/Schlüssel/Zirkel/Kamm?
   Ich habe den Fön/Papierkorb/ ...
   Hier ist der Schlüssel/Zirkel/ ...
   Hast du den Zirkel/Fön/ ...?
   Der Kamm/Schlüssel/ ... ist weg.

7.
```
              A | P | F E L
              K | A | K A O
              W | U | R S T   B R O T
A P F E L     S | A | F T
      K Ä S   E | B | R O T
      M I N   E | R | A L W A S S E R
              B | A | N A N E
        B I   R | N | E
      L I M   O | N | A D E
      B R Ö   T | C | H E N
```

Pausenbrot

Er hat einen Apfel, ein Wurstbrot, ein Käsebrot, eine Banane, eine Birne und ein Brötchen.

… er hat keinen Kakao, keinen Apfelsaft, kein Mineralwasser und keine Limonade.

8. a) Möchtest du ein Wurstbrot oder ein Käsebrot? Gar nichts. Ich habe keinen Hunger. b) Was hast du denn da? Einen Apfel. c) Verflixt, ich habe meine Limonade vergessen. Möchtest du meinen Saft? d) Hast du einen Apfel? Nein, eine Birne. e) Ich habe mein Pausenbrot vergessen. Hast du etwas? Tut mir leid. Ich habe auch nichts. f) Ach, ich habe so einen Hunger. Möchtest du ein Brötchen?

9. b) dein Lineal? c) deine Tasche? d) deine Schere? e) dein Buch? f) deinen Malkasten? g) dein Turnzeug? h) deinen Bleistift?

10. b) deine c) eine d) dein e) eine f) ein g) einen h) eine i) einen j) dein

11. a)

der	ein	mein	dein	kein	Apfel
das	ein	mein	dein	kein	Buch
die	eine	meine	deine	keine	Tasche
die	–	meine	deine	keine	Hausaufgaben

b)

den	einen	meinen	deinen	keinen	Apfel
das	ein	mein	dein	kein	Buch
die	eine	meine	deine	keine	Tasche
die	–	meine	deine	keine	Hausaufgaben

12. a) Hast du einen Bleistift? b) Leihst du mir deinen/dein/deine …? – Hast du einen/ein/eine …? c) Leihst du mir deine Kamera/Tasche/…? d) Ist das dein

Fußball? e) Leihst du mir deinen Cassettenrecorder/Fußball/...? f) Möchtest du ein Brötchen/einen Apfel/...?

13. b) 1 c) 2 d) 2 e) 1

14. a) es b) ihn c) ihn d) sie e) ihn f) es g) er h) er

15.
2	3	4	5	6	7	8	9
a	f/g/h/i	b/c/h	f/g/h/i	d/e	b/h	a/d/e	f/h/i

16. b) Wen siehst du (da/denn)? c) Was machst/schreibst du (denn)? d) Wen kennt ihr hier? e) Wer kommt denn? f) Was möchtest du? g) Wen möchtest du sprechen? h) Wer ist das? / Wie heißt der Junge (da)?

17. b) 2/4 c) 1/3/5/6 d) 1/2/3/6/8 e) 1/3/5/6 f) 2/5/7

18. *Freie Wahl. Beispiele:*
Ach, ich habe so einen Hunger/Durst. – Möchtest du mein Brötchen/meine Limonade?
Tut mir leid. Ich habe meinen Aufsatz vergessen. – Aha! Das gibt eine Sechs.
Leihst du mir eine Schallplatte? – Ja, klar.
Wo ist denn dein Buch? – Tut mir leid. Ich habe es nicht.

19.
2	3	4	5
c	a	e	b

20. *Beispiele:* a) Nimm doch bitte das Heft heraus. b) Lies mal bitte. c) Schreib bitte einen Aufsatz. d) Komm doch mal an die Tafel. e) Lern bitte die Wörter. f) Schreibt doch bitte die Sätze noch mal. g) Schlagt mal bitte die Hefte auf. h) Lest mal den Text. i) Nehmt doch bitte das Buch heraus.

21.
5	8	1	4	7	3	2	6

22. a) Woher kommen Sie? b) Wie alt sind Sie? c) Geben Sie Englisch/Französisch? d) Sprechen Sie Italienisch? e) Machen Sie gern Sport? f) Haben Sie Kinder?

23. Telefonbücher – das Telefonbuch, Zeitungen – die Zeitung, Kämme – der Kamm, Fahrräder – das Fahrrad, Schlüssel – der Schlüssel, Kameras – die Kamera, Taschenmesser – das Taschenmesser, Äpfel – der Apfel, Fußbälle – der Fußball, Birnen – die Birne, Mädchen – das Mädchen, Jungen – der Junge

24. a) nichts b) keine c) nie d) nicht e) nicht f) keinen g) kein – nichts h) nie – nicht

25.

A	B	C	D
3	4	1	2

Lektion 5

1. *freie Wahl*

2. a) Mami, was machst du denn da? Das siehst du doch. Ich stricke. b) Was machst du nachher? Ich spiele Fußball. c) Hallo, Matze. Hier ist Klaus! Na, wie geht's? Schlecht. Ich lerne gerade Mathe. d) Du, Tommy macht heute eine Party. Kommst du? Ich weiß nicht. Ich habe gar keine Lust. (Ja, gern.) e) Ich gehe nachher schwimmen. Komm doch mit! Ja, gern. (Ich weiß nicht. Ich habe gar keine Lust.) f) Jetzt kommt ein Film mit Harrison Ford. Möchtest du ihn sehen? Ja, klar! Ich sehe so gern fern.

3. 1 d/e 2 f (a/d/e/g) 3 a/d (e/f/g) 4 g/h (a/e/f) 5 a 7 c (a/b/e/f/g/h) 8 g (a/b/c/e/f/h) *Die Buchstaben in Klammern geben mögliche Lösungen an, die aber im Buch noch nicht eingeführt sind.*

4. a) Und er schläft am liebsten. b) Kleopatra hört gern Musik. Aber sie geht lieber zu Caesar. Und sie schwimmt am liebsten in Milch. c) Mozart spielt gern Klavier. Aber er schläft lieber. Und er geht am liebsten spazieren. d) Marlene Dietrich ißt gern Spaghetti. Aber sie spielt lieber Fußball. Und sie strickt am liebsten. e) Dracula trinkt gern Blut. Aber er sammelt lieber Briefmarken. Und er spielt am liebsten Computer. Er ißt nicht so gern Knoblauch.

5. Am Dienstag abend ißt Thomas ein Wurstbrot. Am Mittwoch nachmittag übt Klaus Klavier. Am Donnerstag nachmittag sieht Peter fern. Freitag nacht liest Ilse ein Buch. Samstag nacht geht Anne aus. Am Sonntag vormittag geht Maria spazieren. Am Montag nachmittag fährt Brigitte Rad. Am Dienstag abend hört Matthias Musik.

6. b) Am Morgen kauft Mami ein. c) Am Samstag fahren wir Rad. d) Am Nachmittag hört er Musik. e) Am Abend sieht Martina fern. f) Im Sommer spielen die Jungen Fußball.

7. *freie Wahl*

8. b) Es ist zehn nach acht. Es ist acht Uhr zehn. c) Es ist zwanzig nach zehn. Es ist zweiundzwanzig Uhr zwanzig. d) Es ist drei vor halb zwei. Es ist drei-

zehn Uhr dreiundzwanzig. e) Es ist drei nach drei. Es ist fünfzehn Uhr drei.
f) Es ist fünf nach halb sechs. Es ist fünf Uhr fünfunddreißig. g) Es ist Viertel
vor eins. Es ist null Uhr fünfundvierzig. h) Es ist halb vier. Es ist drei Uhr dreißig. i) Es ist fünf vor halb fünf. Es ist sechzehn Uhr fünfundzwanzig. j) Es ist
Viertel nach neun. Es ist neun Uhr fünfzehn. k) Es ist vier nach halb zwölf. Es
ist elf Uhr vierunddreißig.

9. b) am c) Am d) im e) am – um f) in

10. a) Ich muß Hausaufgaben machen. Ich muß am Sonntag Hausaufgaben machen. b) Heute abend können wir nicht Musik hören. Heute abend können wir Musik hören. c) Nimmst du deinen Bruder mit? Nimmst du am Sonntag deinen Bruder mit? d) Albert/Klaus geht ins Kino / geht nicht ins Kino / geht am Sonntag ins Kino / geht mit Thomas ins Kino. e) Klaus/Albert spielt am Sonntag Monopoly / spielt nicht mit Thomas Monopoly.

11.

2	3	4	5	6
e	b/f	a	c	d

12.

	fahren	fernsehen	müssen	können	essen
ich	fahre	sehe fern	muß	kann	esse
du	fährst	siehst fern	mußt	kannst	ißt
er/es/sie	fährt	sieht fern	muß	kann	ißt
wir	fahren	sehen fern	müssen	können	essen
ihr	fahrt	seht fern	müßt	könnt	eßt
sie	fahren	sehen fern	müssen	können	essen

13. a) kann – muß b) müssen – müssen c) kann d) könnt – müßt e) müssen
f) Kannst – mußt

14. b) 1 c) 1 d) 3 e) 1 f) 3 g) 1

15. b) ins Konzert / in die Disco. c) zu Oma. d) ins Schwimmbad. e) in die Stadt / ins Zentrum. f) auf den Fußballplatz. g) ins Kino.

16. • Hallo. Hier ist Claudia. • Wann geht ihr denn? / Um wieviel Uhr ...? • Tut mir leid. Ich kann nicht. Ich muß Mathe lernen. • Nein, das geht nicht. / Nein, ich muß heute noch lernen. • Am Samstag. • Tschüs. (Bis morgen.)

17. b) Wann / Um wieviel Uhr kommst du? c) Wohin geht ihr? d) Wer geht ins Kino? e) Wann spielen Thomas und Peter Tennis? f) Was nimmst du mit? g) Wann / Um wieviel Uhr fängt der Film an?

18. Liebe Brigitte,
morgen muß ich früh aufstehen. Wir haben nämlich schon um acht Uhr Schule. In der ersten Stunde haben wir Mathe. Unser Lehrer heißt Herr Rau. Am Nachmittag gehe ich mit Claudia ins Kino. Wir möchten Dracula sehen. Was machst Du morgen?
Viele Grüße   Deine Monika

19.

Martina	Karin	Daniela	Conny	Silvia
15	14	13	16	12
Briefmarken sammeln	Lesen	Fernsehen	Radfahren	Computerspiele machen
ins Kino	ins Schwimmbad	auf den Sportplatz	in die Disco	zu Oma

a) Conny b) Conny

Lektion 6

1. *nach:* Madrid, England, Frankreich, Wien, Griechenland, Afrika, London, Spanien *in die:* Niederlande, USA, Schweiz, Türkei

2. b) ein c) keine d) eine e) ein – keinen f) kein g) keinen

3. *Freier Text.*
Beispiel: Ich möchte in die Karibik fahren. Dort gibt es Inseln, Palmen, Strand und Meer. Dort kann man baden. Dort muß ich nicht in die Schule gehen. Ich möchte dort den ganzen Tag faulenzen.

4. *freie Wahl*

5.

2	3	4	5	6
d	a	f	b	e

6. an die Ostsee – an den Bodensee – an den Rhein – an die Elbe – ans Meer in die Diskothek – in die USA – in den Schwarzwald – in die Alpen – in die Berge

aufs Land – auf den Brocken – auf den Mond – auf die Zugspitze – auf die Insel Mainau
nach Hamburg / Brasilien / Japan / München / Spanien

7. an den Bodensee auf die Zugspitze auf die Seychellen nach Australien nach New York in die Disco in die Schweiz nach Österreich nach Italien in die Türkei

8. b) auf den c) ins d) an die e) in den f) in die g) in die h) aufs i) in die j) nach k) an den l) ins m) ins n) auf das o) zu p) in die q) ans r) an den s) auf den / in den t) nach

9. b) 3 c) 1 d) 2 e) 1 f) 3 g) 1/2

10. b) Magst c) mögt d) mögen e) mögen f) mag

11. a) Warum magst du Elvis Presley nicht? b) Warum hast du nie/keine Zeit? c) Warum bist du nicht (ein bißchen) modern? d) Warum schimpfst du immer gleich? e) Warum hören wir immer nur deine Musik?

12. a) Überhaupt nicht. Ich finde Popmusik doof/blöd/langweilig. Ich finde, Popmusik ist ... b) Nicht so sehr. / Überhaupt nicht. Ich esse lieber ... c) Ja, (sehr). Ich finde Fußball toll/super. Ich finde, Fußball ist ... d) Nein, (überhaupt nicht). Ich fahre lieber ans Meer/... e) Ja, (sehr). Ich finde Mathe interessant/... Ich finde, Mathe ist interessant/... Mathe ist mein Lieblingsfach. f) Nicht so sehr. / Überhaupt nicht. Ich mag lieber Katzen/... Ich finde, sie sind ...

13. klein – nett/freundlich – alt – häßlich – sauber – billig – kalt – hübsch/schön – unfreundlich/böse – freundlich – schnell – schwach

14. a) doch b) doch c) denn d) doch e) denn – doch f) denn

15. b) ... am dreiundzwanzigsten Zweiten 1899 ... c) ... am fünften Vierten 1908 ... d) ... am dreizehnten Fünften 1717 ... e) ... am fünfundzwanzigsten Sechsten 1926 ... f) ... am dreizehnten Neunten 1819 ... g) ... am achtundzwanzigsten Achten 1749 ... h) ... am achtzehnten Achten 1830 ... i) ... am zweiten Siebten 1877 ... j) ... am zehnten Elften 1483 ...

16. *Stefanie* möchte Sängerin werden. Da kann man Musik machen. Und es macht Spaß / ist aufregend / ... *Angelika* möchte Stewardeß werden. Da kann man die Welt kennenlernen. Und es ist interessant / ... *Michael* möchte Astronaut werden. Da kann man in den Weltraum fliegen. Und es ist aufregend / ... *Andrea* möchte Rennfahrerin werden. Da kann man viel Geld verdienen/schnell fahren. Und es ist aufregend / ... *Jutta* möchte Reporterin

werden. Da kann man viele Leute/Filmstars und Politiker kennenlernen. Und es macht Spaß / ist ...

17. a) man – man – es b) Man – man c) man – es d) man – man

18. *freie Wahl*

Lektion 7

1. *Waagrecht* 4 Tischtennis 6 Fechten 9 Tennis 11 Windsurfen 13 Eislaufen 14 Klettern
   Senkrecht 1 Reiten 2 Schifahren 3 Leichtathletik 5 Hochsprung 7 Schwimmen 8 Handball 10 Turnen 12 Segeln

2. a) Welchen Sport machst/magst du am liebsten? b) Welches Hobby habt Ihr? c) Welcher Sport/Welche Sportart ist (sehr) teuer? (Reiten/..., Fechten/ ... oder Segeln?) d) Welche Lehrerin mögt ihr am liebsten? e) Welchen Lehrer magst du (am liebsten)? f) Welche Rockgruppe magst du? / findest du gut?

3.
gern	lieber	am liebsten
hoch	höher	am höchsten
alt	älter	am ältesten
schnell	schneller	am schnellsten
gut	besser	am besten
teuer	teurer	am teuersten
dick	dicker	am dicksten
stark	stärker	am stärksten
laut	lauter	am lautesten

4. b) In Italien ist es wärmer als in Deutschland. c) Afrika ist größer als Europa. d) Josef ist älter als Martin. e) Ein Fahrrad ist langsamer als ein Auto. f) Ein Buch ist dicker als ein Heft. g) Ein Helikopter ist teurer als ein Auto. h) Köln ist kleiner als Berlin.

5. *Freier Text.*
   Beispiele: Lieber intelligent und hübsch als doof und häßlich. – Lieber eine Eins in Sport als eine Sechs in Mathe. – Lieber stark wie Supermann als häßlich wie Rumpelstilzchen.

6. b) Helga ist jünger als Werner. Aber Markus ist am jüngsten. c) Claudia springt weiter als Petra. Aber Veronika springt am weitesten. d) Rosi schwimmt schneller als Martha. Aber Britta schwimmt am schnellsten. e) Norbert schläft mehr als Dieter. Aber Heiko schläft am meisten. f) Karl ist in Mathe besser als Traudi. Aber Kurt ist in Mathe am besten.

7.

2	3	4	5
b	e	a	d

8. b) 3 c) 1 d) 2

9. a) Komm, wir laufen um die Wette. Ach nein, du bist ja viel schneller als ich. b) Was spielst du lieber, Fußball oder Handball? Na ja, Fußball. Aber am liebsten spiele ich Tennis. c) Fährst du gern Schi? Nein, nicht so gern. d) Du, wir spielen heute gegen die 6c Fußball. Ich weiß. Die gewinnen wieder. Die spielen einfach besser als wir. e) Auf die Plätze, fertig, los! Schau mal, Peter ist am besten. Bravo, Peter!

10. b) als c) wie d) als e) wie f) als g) wie h) als

11. freier Text

12. Er ist Leistungssportler. Um 7.00 Uhr steht er auf. Um 8.00 Uhr macht er Gymnastik. Um 10.00 Uhr fährt er Schi. Um 13.00 Uhr ißt er zu Mittag. Um 14.00 Uhr macht er Pause. Um 15.00 Uhr fängt das Training an / fängt er mit dem Training an. Um 17.00 Uhr schaut er ein Video an. Um 19.00 Uhr ißt er zu Abend. Um 20.00 Uhr sieht er fern. Um 21.00 Uhr geht er ins Bett. Um 23.00 Uhr schläft er.

13. b) 1 c) 3 d) 2 e) 3 f) 2

14. b) 3 c) 1 d) 1 e) 3 f) 2

15.

2	5	6	1	3	7	4

16. b) kein c) keinen d) nicht e) keine f) nicht g) nicht h) keine i) kein j) keine

17. b) Hast du keinen Hund? c) Möchtest du Schach spielen/…? *oder:* Ich gehe schwimmen/… Kommst du mit? d) Schwimmst du gern? e) Fängt der Western nicht gleich an? *oder:* Gibt es jetzt keinen Western? f) Fährst du nicht gern Schi? g) Könnt ihr (heute/morgen/um … Uhr/…) kommen?

18. b) Doch, ich sehe gern fern. c) Ja, ich habe einen Bruder/zwei Brüder/...
d) Doch, ich gehe immer in die Schule. e) Ja, (ich spiele) sehr gern (Tennis).
f) Doch, ich esse etwas zum Frühstück. g) Ja, ich möchte einen Affen.

19. ▲ Aber im zweiten Programm kommt (doch) ein Tierfilm / gibt es einen Tierfilm. ▲ Ich mag aber Tierfilme lieber. / Ich finde aber Tierfilme interessanter./
Ich finde aber Western langweilig.

20.

Holger	Peter	Gerhard	Martin	Jörg
15	14	13	17	16
Fußball	Tennis	Eishockey	Leichtathletik	Schifahren
Krimis	Western	Musiksendungen	Quizsendungen	Tierfilme

a) Gerhard b) Peter c) Martin

21. *freier Text*

22. [A] Er kann nicht schreiben. Sie kann nicht Tennis spielen. Sie kann nicht fernsehen. Josef kann nicht laufen. Sein Bein tut weh.
[B] Er kann nicht Schi fahren. Er kann noch nicht gehen. Er kann nicht schwimmen. Dani kann nicht sprechen. Er ist erst ein Jahr alt. Martin kann die Mathematikaufgabe nicht machen. Die Aufgabe ist so schwer.

23. b) Ja, ich spiele gut Tennis. Nein, ich spiele nicht gut Tennis. c) Ja, ich spiele gut Handball. Nein, ich spiele nicht gut Handball. d) Ja, ich schwimme gut. Nein, ich schwimme nicht gut. e) Ja, ich fahre gut Schi. Nein, ich fahre nicht gut Schi.

24. *der Arm:* dick, muskulös, stark, kurz, lang *das Bein:* dick, muskulös, kurz, lang, hübsch *der Fuß:* klein, groß, schmal, breit *die Hand:* klein, groß, dick, schmal, stark, breit, hübsch *das Auge:* klein, groß, schmal, hübsch *der Kopf:* klein, groß, dick, schmal, breit *die Nase:* klein, groß, dick, schmal, breit, kurz, lang, hübsch *der Mund:* klein, groß, breit, schmal, hübsch *der Bauch:* klein, groß, dick, muskulös

25. a) Das ist Detlef Dickfuß. Seine Arme sind kurz. Und seine Füße sind klein. Sein Gesicht ist breit. Seine Augen sind klein, seine Nase ist groß. Sein Mund ist schmal. Seine Schultern sind breit. Sein Bauch ist dick. b) Das ist Isolde Schönbein. Ihre Arme sind lang, ihre Beine auch. Ihre Füße sind groß. Ihre Schultern sind schmal. Ihr Gesicht ist lang und schmal. Ihre Nase ist klein, ihr Mund ist breit, und ihre Augen sind groß. Ihre Haare sind dünn.

26. b) ihre c) Seine – sein d) seinen e) ihren f) Ihr g) sein – seine

27.

das Buch	die Mappe	die Tasche	das Mäppchen	der Block	der Atlas
sein Buch	seine ...	seine ...	sein ...	sein ...	sein ...
ihr Buch	ihre ...	ihre ...	ihr ...	ihr ...	ihr ...

28. a) sein Buch, seine Mappe, seine Tasche, sein Mäppchen, sein Block und sein Atlas
 .... sein Buch, seine Mappe, seine Tasche, sein Mäppchen, seinen Block und seinen Atlas
 b) ... ist ihr Buch, ihre Mappe, ihre Tasche, ihr Mäppchen, ihr Block und ihr Atlas.
 Sie hat ihr Buch, ihre Mappe, ihre Tasche, ihr Mäppchen, ihren Block und ihren Atlas vergessen.

29. ... gebrochen. Er hat Hals- und Bauchschmerzen. Sein Arm ist verstaucht. Seine Nase und seine Augen tun weh. Sein Finger ist gebrochen.

Lektion 8

1.

Präsens	Perfekt
ich lese	ich habe gelesen
du schreibst	du hast geschrieben
er fliegt	er ist geflogen
ihr seht fern	ihr habt ferngesehen
wir arbeiten	wir haben gearbeitet
sie telefonieren	sie haben telefoniert
sie geht	sie ist gegangen
ich stehe auf	ich bin aufgestanden
du ißt	du hast gegessen
ihr seid	ihr seid gewesen

2. a) Bist – bin b) Hast – bin c) Habt – haben d) Hat – hat e) Hast – habe f) Sind – sind

3. Um neun Uhr ist Martina aufgestanden. Nach dem Frühstück ist sie in die Stadt gefahren. Sie hat etwas für die Schule eingekauft. Dann ist sie in ein Café gegangen und hat eine Limonade getrunken. Um 12 Uhr ist sie nach

Hause gefahren. Nach dem Mittagessen ist sie auf den Tennisplatz gegangen und hat mit Katja eine Stunde lang Tennis gespielt. Nachher hat sie bei Katja Musik gehört und mit Katja geredet. Später hat sie ein bißchen ferngesehen. Um sieben Uhr ist sie ins Kino gegangen. Um halb zehn ist sie zu Hause gewesen. Sie ist gleich ins Bett gegangen und hat noch ein bißchen gelesen.

4. b) 2 c) 1 d) 3 e) 3 f) 1

5. Die Gruppe Rocknacht war da! Seit Wochen waren die Karten ausverkauft. Das Konzert hat um 20.00 Uhr angefangen. Aber schon um 19.00 Uhr waren fast alle Fans da.
Zuerst hat noch die Gruppe „Die Hausmeister" gespielt. Sie haben vor der Pause gespielt. Und sie waren stark. Viele haben mitgesungen. Endlich war Pause. Und dann sind sie gekommen!
Rocknacht! Die Fans haben geschrien und geklatscht. Rocky, der Sänger, ist ans Mikrofon gegangen. Er hat seine Fans begrüßt. Wieder haben alle geschrien und geklatscht. Und dann hat die Gruppe ihre Hits gesungen. Die Fans haben mitgesungen, ganz laut. Manchmal hat man die Gruppe nicht mehr gehört. Und dann ist es ganz dunkel in der Konzerthalle geworden. Nur noch ein Spot war an auf der Bühne.
Rocky hat den Superhit „Morgen wird alles anders" gesungen. Auf einmal war es ganz leise in der Halle. Viele Fans haben Feuerzeuge und Kerzen angemacht. Dann hat es wieder Applaus gegeben. Die Fans sind aufgestanden und an die Bühne gekommen. Der Abend war wirklich toll.

6. *freier Text*

7.

Martina	Christine	Heike	Sigrid	Julia
Udo Lindenberg	Falco	Nena	Elvis Presley	Peter Maffay
Fotografieren	Fußball	Lesen	Tanzen	Fernsehen
Flöte	Klavier	–	Gitarre	Klarinette
Jazz	Schlager	Klassische Musik	Rock'n Roll	Volksmusik

a) Julia b) Martina

8. Lieber Peter,
gestern waren wir mit der Klasse im Konzert. Sie haben Mozart gespielt. Ich habe am Anfang gar keine Lust gehabt. Ich mag klassische Musik nicht so gern. Aber das Konzert war wirklich Spitze. Nachher habe ich gleich eine Platte gekauft und sie zu Hause angehört. Jetzt meint mein Bruder, ich bin verrückt. Aber das ist mir egal.
Bis bald und viele Grüße   Dein Michael

9.

2	3	4	5	6	7
e	a	g	b	c/f	f

10. b) darf c) darfst d) Darf e) dürfen f) dürfen g) darf

11. a) Am Sonntag darf ich an den See fahren / in die Disco gehen / nach Amerika fliegen. b) Du darfst im Sommer nach Amerika fliegen / an den See fahren (in die Disco gehen.) c) Wir dürfen heute in die Disco gehen / an den See fahren / nach Amerika fliegen.

12. a) *Freier Text. Beispiel:*
    ▲ Hallo, Marion. Hier ist Andreas.
    ● Hallo, Andreas.
    ▲ Du, ich gehe morgen abend auf eine Party.
    Kannst du mitkommen?
    ● Da muß ich meine Mutter fragen. Einen Moment.
    Mami, darf ich morgen abend mit Andreas auf eine Party gehen?
    ■ Nein, das geht nicht. Du mußt früh ins Bett.
    ● Andreas, ich darf leider nicht. So ein Mist.
    ▲ Schade.
    ● Aber ich möchte so gern mitkommen. Ich frage meine Mutter noch mal.
    Ich rufe dich später an. Tschüs.
    ▲ Also, tschüs. Bis später.

    b) ● Hallo, Andreas. Hier ist Marion.
    ▲ Hallo, Marion.(Na, was ist?)
    ● Du, ich darf doch mitkommen.
    ▲ Super.
    ● Wann gehen wir denn?
    ▲ Um halb sieben.
    ● In Ordnung. Und wo ist die Party?
    ▲ Bei Wolfgang. Du kennst ihn doch.
    ● Was muß man denn mitbringen?
    ▲ Etwas zu trinken und Schallplatten.
    ● Okay. Wer kommt denn?
    ▲ Ich weiß nicht. 20 Leute oder so.
    ● Gut. Also dann, bis morgen.
    ▲ Bis morgen. Tschüs.

13. a) Kannst – darf b) darf – kannst c) Darfst – kann d) darf e) kann f) dürft/könnt

14.

ich	du	er/es/sie	wir	ihr	sie (Plural)
darf	darfst	darf	dürfen	dürft	dürfen
muß	mußt	muß	müssen	müßt	müssen
kann	kannst	kann	können	könnt	können
möchte	möchtest	möchte	möchten	möchtet	möchten

15. b) meiner c) keine d) einer e) einen f) eins g) eine h) eins i) keine j) eins

16. a) keinen b) ein – keins c) eine d) ein – eins e) einen – einer f) ein – Einer

17. Die Sachen kosten 54,98 DM. 50 Mark reichen nicht.

18. a)

1	2	3	4
B	A	C	D

b)

Beate	Saxophon	kann schon Klarinette	Einzelunterricht	Blasorchester	1600 DM
		sollte in einer Big-Band spielen	kann schon Klarinette		
		16 Jahre			
Claus	Schlagzeug	Instrument ausprobiert	Workshop Musikschule	eigene Band	3000 DM
		mag Rhythmus			
Katharina	Kontrabaß	Klavier war langweilig		Orchester	8000 DM
		zu Hause war ein Baß			
		14 Jahre			
Jens	Horn	hat ein Konzert gehört	Musikunterricht		1500 DM
		8 Jahre			

19. a) eure – unser b) eure – Unsere c) unser – euer d) euren – unser e) eure – Unsere f) euer – unser g) unsere – eure h) unseren – eure

20. *Beispiele:* a) Warum gehst du nicht in die Schule? b) Warum stehst du nicht auf? c) Warum kommt Peter heute nicht? d) Warum kommst du nicht mit? e) Warum gehst du nicht auf die Party? f) Warum bist du nicht gekommen?

21. b) Weil heute kein Jugendprogramm kommt. c) Weil ich kein Geld habe. d) Weil sie nicht darf. e) Weil sie keine Lust hat. f) Weil seine Schwester lernen muß. g) Weil du morgen früh aufstehen mußt.

22. a) Warum machst du keine Hausaufgaben? Weil ich Kopfschmerzen habe. b) Warum habt ihr keine Schule? Weil unser Lehrer krank ist. c) Warum bist du nicht gekommen? Weil ich zu müde war.

23. *1.*

Subjekt	Verb	Objekt	Verb
Wir	haben	einen Tanzkurs	gemacht.
Julia	darf	Klavier	spielen.

2.

Subjekt	Verb	Zeit	Objekt
Vater	liest	am Morgen	die Zeitung.
Jürgen	schreibt	am Montag	eine Klassenarbeit.

3.

Subjekt	Verb	Zeit	Ort	Verb
Ich	möchte	heute	ins Kino	gehen.
Wir	sind	am Samstag	zu Oma	gefahren.

4.

Zeit	Verb	Subjekt	Objekt
Am Samstag	treffen	sie	Freunde.
Am Nachmittag	mache	ich	Hausaufgaben.

5.

Zeit	Verb	Subjekt	Objekt	Verb
Im Sommer	möchte	Oliver	eine Band	gründen.
Gestern	habe	ich	einen Film	gesehen.

6.

Zeit	Verb	Subjekt	Ort	Verb
Um 9 Uhr	muß	Jochen	ins Bett	gehen.
Heute	ist	Maria	zu Hause	geblieben.

24. b) Wo c) Woher d) Wohin e) Was f) Wie g) Wann h) Warum i) Wen j) wieviel k) Welche l) Was m) Wo n) Wie

Transkriptionen der Hörtexte zum Lehrbuch

Lektion 1

▶ **Einstiegsseite:**

Nr. 1:
● Gute Nacht.
▲ Gute Nacht.

Nr. 2:
■ Guten Tag, Frau Meier.
▼ Hallo, Jochen.

Nr. 3:
▲ Hallo, Jürgen.
■ Grüß dich, Claudia.

Nr. 4:
● Guten Morgen!
▲ Guten Morgen.

Nr. 5:
◆ Guten Morgen.
✚ Guten Morgen.

Nr. 6:
◆ Danke schön. Auf Wiedersehen.
■ Wiedersehen.

Nr. 7:
✱ Guten Abend!

Nr. 8:
■ Also dann tschüs.
▲ Tschüs, bis später.

C2   8 • 3 • 14 • 2 • 5 • 0 • 10 • 15 • 19 • 4 • 13 • 16 • 1 • 6 • 17 • 20 • 7 • 9 • 12 • 18 • 11

D3
● Hallo Oma!
■ Guten Tag, Frau Müller.
▲ Grüß dich, Peter! Wer ist denn der Junge?
● Das ist Thomas, mein Freund.
▲ Wie heißt er? Jonas?
● Nein, Thomas. Er kommt aus Bremen.
▲ Woher kommt er? Aus Jemen? Er spricht aber gut Deutsch.
● Nein, Oma, aus Bremen! Er wohnt jetzt hier in Frankfurt. Er geht in meine Klasse.
▲ Was sagst du? Er ist eine Flasche?
● Ach komm! Oma! (Meine Oma hört schlecht!) Er ist mein Klassenkamerad.
▲ Ach so.
● Oma, ich muß jetzt gehen.
▲ Wie bitte? Ich verstehe nicht.
● (Mensch!) Tschüs, Oma.
▲ Tschüs, Peter! Komm bald wieder mit Jonas vorbei.
● Oh Gott!

Lektion 2

▶ **Einstiegsseite** *(Geräusche)*

B2   1. H-a-l-l-o   2. T-e-n-n-i-s   3. d-o-c-h   4. h-i-e-r   5. N-a-c-h-t   6. h-e-i-ß-e-n
7. w-o-h-n-e-n   8. k-o-m-m-e-n   9. F-r-e-u-n-d-i-n   10. n-i-c-h-t   11. v-e-r-s-t-e-h-e-n   12. J-u-n-g-e   13. M-ä-d-c-h-e-n   14. F-u-ß-b-a-l-l   15. s-p-ä-t-e-r

C2
- Hallo, Mami, du bist schon da?
▲ Was ist denn hier los?
- Mami, das sind meine Freunde. Das ist mein Freund Jörg.
■ Guten Tag, Frau Jansen.
▲ Guten Tag, Jörg.
- Das ist Andreas, der Bruder von Jörg.
▼ Guten Tag.
- Das ist Hansi. Und das ist sein Freund Martin. Er kommt aus Köln.
▲ Hallo!
✱ Guten Tag, Frau Jansen.
- Und das ist Corinna Steiner. Sie ist …
▲ Deine Freundin.
- Ja.
▲ Hallo Corinna!
✚ Guten Tag.
- Thomas kennst du ja. Und das ist Sonja.
◆ Thomas ist mein Bruder.
- Und das sind Jutta, Daniela, Annette, Matthias und Klaus. Sie gehen in meine Klasse. Entschuldige, Mami.
▲ Das macht doch nichts. Macht ruhig weiter.

D2 23 – 14 – 10 • 65 – 56 – 22 • 84 – 30 – 92 • 29 – 41 – 75 • 71 – 66 – 89 • 57 – 25 – 15 • 32 – 14 – 12 • 48 – 13 – 29

Lektion 3

▶ **Einstiegsseite**

Nr. 1
- Claudia, woher war Napoleon?
▲ Aus Korsika.
- Richtig. Und wann wurde Napoleon nach Sankt Helena geschickt?

Nr. 2
- So, jetzt wollen wir noch etwas Gymnastik machen, und dann könnt ihr Volleyball spielen.

Nr. 3
- Südamerika hat viele Staaten: Brasilien, Argentinien, Uruguay und Paraguay im Osten …

Nr. 4
▲ Froh zu sein, bedarf es wenig, und wer froh ist, ist ein König.
- Nun singen wir dieses Lied im Kanon.

Nr. 5
- Ora et labora. Im Lateinischen konjugieren wir so: oram, oras …

Nr. 6
- Also, das Diktat war wieder miserabel. Heinz, wie schreibt man Goethe?
▲ Wer ist Goethe?

Nr. 7
- a Quadrat plus b Quadrat. Wenn a Quadrat 49 ist, ist a folglich 7.

Nr. 8
- Peter, please read the following sentence.

Nr. 9
- Natriumperoxid, Na_2O_2, bildet sich beim Verbrennen von Natrium an der Luft.

A 3
▲ Hallo, Bernd.
● Hallo, Moni. Was ist denn los?
▲ Was soll schon los sein? Es ist Montag. Wieder eine Woche Schule. Und wir haben morgen Mathe!
● Wir auch! Zwei Stunden, bei Herrn Müller.
▲ Oh je! Habt ihr Herrn Müller auch in Bio?
● Ja, am Donnerstag und am Freitag. Freitag ist sowieso doof. Wir haben da sechs Stunden. Und wieviel habt ihr?
▲ Nur vier – Gott sei Dank! Aber wir haben Latein bei Frau Beier, dann Physik und dann noch zwei Stunden Deutsch.
● Das geht doch!
▲ Wie bitte?
● Deutsch ist mein Lieblingsfach.
▲ Oh Gott!

C 4
▲ Entschuldigung. Wo ist denn die 7c?
● Die 7c? Komm mit. Ich bin auch in der 7c.
▲ Danke.
● Bist du neu hier?
▲ Ja, ich heiße Klaus.
● Ich bin Florian. Hier ist die Klasse. Und das ist Herr Müller. Wir haben jetzt Mathe.
▲ Guten Tag.
■ Guten Tag, bist du neu?
▲ Ja, ich heiße Klaus Wehner.
■ Aha, und woher kommst du?
▲ Aus Düsseldorf.
■ Gut, setz dich zu Florian. Hier ist ein Buch.
▲ Danke. *(zu Florian)* Herr Müller ist aber nett.
● Naja, es geht.

D 1
Was ist A 2? ... Ein Füller. Was ist C 5? ... Eine Mappe. Was ist C 4? ... Eine Kreide. Was ist A 8? ... Ein Kugelschreiber. Was ist B 6? ... Turnzeug. Und jetzt schneller. Fertig? Los! Was ist C 7? ... Eine Landkarte. Was ist B 1? ... Ein Heft. Was ist B 3? ... Ein Lineal. Was ist A 4? ... Ein Spitzer. Was ist C 1? ... Eine Tasche. Was ist A 6? ... Ein Farbstift. Was ist A 1? ... Ein Bleistift. Was ist B 2? ... Ein Buch. Was ist A 7? ... Ein Malkasten.

E 5
● Guten Tag, Herr Berger.
▲ Hallo, Christiane. Na, was möchtest du denn?
● Drei Hefte, bitte. Mathematikhefte.
▲ Hier, bitte. Noch etwas?
● Ja. Bitte einen Block, einen Zeichenblock.
▲ Moment. Tut mir leid. Es sind keine mehr da. Die kommen erst morgen wieder.
● Na ja. Macht nichts. Haben Sie Taschenbücher?

▲ Ja, die Bücher sind da drüben.
● Gut. Die sehe ich mir nachher an.
...
● Dann möchte ich noch 5 Mappen-Din A 4 und Blätter dazu.
▲ Rechenblätter oder Schreibblätter?
● Schreibblätter, bitte. 100 Stück.
▲ Hier. Sonst noch was?
● Zwei Spitzer, bitte.
▲ Ja, wo sind denn jetzt die Spitzer?
Das gibt's doch nicht! Ich habe keine Spitzer mehr.
● Ach, das ist nicht so schlimm.
▲ Ist das alles?
● Ja, danke.
Ach, Moment! Die Bücher.
Hier! Ich nehme die zwei.
▲ Das macht dann 22,40 DM.
● Danke.
▲ Auf Wiedersehen, Christiane.
● Wiedersehen!

Lektion 4

▶ **Einstiegsseite**

Nr. 1
● He du, komm mal her!
▲ Meinen Sie mich?
● Ja, komm mal her!
▲ Ja, bitte?

Nr. 2
● Jürgen, komm mal bitte.
▲ Gleich.
● Jürgen!
▲ Ich komme ja schon!

Nr. 3
● Ja, ja. Gut so! Gut so! Stop!
Jürgen, komm bitte mal her.
▲ Ist was nicht in Ordnung?
● Doch, alles okay, aber ...

Nr. 4
● He, Jürgen, komm doch mal her.
▲ Was willst du denn?
● Komm mal eben!
▲ Was ist denn?

Nr. 5
● Jürgen?
▲ Ja, Herr Müller?
● Komm doch bitte mal her!

Nr. 6
● He, Jürgen, komm mal her!
▲ Was ist denn los? Ich habe keine Zeit.
● Mensch, warte doch mal!

B2
● Die Jungen und Mädchen haben etwas vergessen.
Hier ist ein Beispiel:
▲ Verflixt, jetzt habe ich das Ding schon wieder zu Hause gelassen. Ich kann doch ohne nicht gut sehen.
● Was hat der Junge vergessen?
Richtig, die Brille.
Und jetzt du. Beantworte die Fragen. Sprich die Antworten laut.

Nr. 1
▲ Ach, verflixt, jetzt ist alles falsch. Na ja, das mache ich weg.
● Was braucht das Mädchen?
Richtig, einen Radiergummi.

Nr. 2
▲ Also, Udo, so geht das nicht. Jetzt hast du den Aufsatz schon wieder vergessen. Diesmal muß ich dir leider eine schlechte Note geben.
● Was bekommt der Junge?
Richtig, leider eine Sechs.

Nr. 3
▲ Wo ist denn das Ding bloß wieder? Ich kann doch meine Geometrieaufgabe nicht zeichnen.
● Was braucht das Mädchen?
Richtig, ein Lineal.

Nr. 4
▲ So ein Mist. Jetzt haben wir Sport, und ich habe nichts dabei.
● Was hat der Junge vergessen?
Richtig, das Turnzeug.

Nr. 5
▲ Ach, jetzt habe ich meinen Füller vergessen. Na ja, das macht nichts. Dann schreibe ich eben damit.
● Was nimmt das Mädchen?
Richtig, einen Kugelschreiber.

Nr. 6
▲ Gleich ist Pause. Oh, ich habe so einen Hunger. Und ich habe nichts zum Essen dabei.
● Was möchte das Mädchen?
Richtig, einen Apfel, eine Birne und ein Pausenbrot.

| C1 | 1. Schlagt bitte das Buch auf! ... Seite 95. 2. Gib mir mal dein Lateinheft. 3. Lies bitte den Text. 4. Komm bitte an die Tafel. 5. Geh an deinen Platz. 6. Setz dich. 7. Ruhe! 8. Schreib auf. 9. Nimm das Lateinheft heraus.

| C2 | Gib mir mal dein Lateinheft. Ruhe! Schlagt bitte das Buch auf! ... Seite 95. Komm bitte an die Tafel. Setz dich. Lies bitte den Text. Nimm das Lateinheft heraus. Schreib auf. Geh an deinen Platz.

| C5 | ● Also, die Hausaufgaben bis Donnerstag:
Lest den Text auf Seite 62 im Buch und macht die Aufgabe.
Macht zwei Dialoge wie im Buch auf Seite 57, Nummer B4.
Lernt die Grammatik auf Seite 67.

Macht dann noch die Aufgaben Nummer 3 und 4 der Lektion 4 im Arbeitsheft.
Alles klar? Gut, dann bis Donnerstag. Auf Wiedersehen.
▲ So viel Hausaufgaben!

Lektion 5

A 4
- Hallo, ich heiße Jakob, und du?
- ▲ Carina.
- Du, Carina, wir gehen heute nachmittag schwimmen. Kommst du mit?
- ▲ Ich geh' nicht gerne schwimmen.
- Hm. Gehst du gerne tanzen?
- ▲ Nein, ich spiele lieber Tennis.
- Ach, ich spiele auch Tennis, weißt du!
  Möchtest du morgen mit mir Tennis spielen?
- ▲ Morgen? Nein, das geht nicht!
- Hörst du gerne Musik?
- ▲ Musik? Ich lese lieber.
- ■ Grüß dich, Carina!
- ▲ Hallo, Thomas. Ich gebe am Samstag ein Fest. Kommst du?
- ■ Klar, ich bringe ein paar Platten von Pink Floyd mit, o.k.?
- ▲ Super! Also ...
- Carina ... Carina! Spielst du gern Gitarre? Carina!

B 5
- Hallo.
- ▲ Hallo Stefan, hier ist Matthias. Schläfst du noch?
- Mh, fast.
- ▲ Komm! In 20 Minuten fährt der Bus.
- Wie spät ist es denn?
- ▲ Es ist 20 vor 8. Heute schreiben wir eine Mathearbeit.
- Spinnst du? Heute ist doch Sonntag.
- ▲ Sonntag? Na so was! Entschuldige!

D 1
Gustav: Ich mag am liebsten Sport, Fußball spielen und so. Aber ich sehe auch gerne fern.
Michael: Wir treffen uns immer am Sonntag und reden zusammen. Ich trinke eine Limo. Die kostet nicht so viel.
Christine: Ich wohne gern in München. Oft fahre ich ins Zentrum zum Einkaufen und treffe dort auch Freunde.
Thomas: Paul ist mein bester Freund. Er spielt auch Gitarre. Ich gehe fast jeden Tag zu ihm.
Elisabeth: Ich schwimme wahnsinnig gern. Deshalb gehe ich am Montag und Dienstag ins Olympiazentrum.
Brigitte: Ich muß am Abend schon um 8 Uhr zu Hause sein. Meine Eltern möchten alle beim Abendessen sehen.

Claudia: Ich bin ein totaler Fan von George Michael. Ich höre seine Musik und möchte sofort tanzen. Das machen wir auch jeden Samstag.

D 4
- ● Hier Alex Waldner.
- ▲ Hallo, Alex.
- ● Ach, du bist es, Mami.
- ▲ Hör mal. Ich komme erst später. Du weißt, Opa hat heute Geburtstag. Wir brauchen noch ein Geschenk. Ich kann leider nicht in die Stadt fahren. Ich habe keine Zeit. Kannst du das machen?
- ● Ja klar.
- ▲ Also, hör zu. Fahr in die Stadt. Geh zu Melody Store und kauf eine Schallplatte von Beethoven, 5. Symphonie. Eine Geburtstagskarte bekommst du bei Hertie. Bring auch einen schönen Blumenstrauß mit, ja? Und komm aber bald wieder nach Hause. Wir fahren um sechs Uhr zu Opa.
- ● Alles notiert, Mama. Bis später. Tschüs.

Lektion 6

A 10 *(Geräusche)*

B 3
- ● Hallo Freunde, hier ist Radio Top mit dem Special-Interview am Samstag. Heute geht es um das Thema „Anders sein und anders leben". Wir haben hier einen besonderen Gast, Herrn Sonny Glück. Herr Glück, heißen Sie wirklich so?
- ▲ Nein, eigentlich heiße ich Andreas Humpe, aber ich finde Sonny Glück besser. Ich bin nämlich glücklich, wissen Sie!
- ● Warum sind Sie so glücklich?
- ▲ Ja, ich lebe so, wie ich will.
- ● Wie alt sind Sie denn, wenn ich fragen darf?
- ▲ 25.
- ● Aha, und wo wohnen Sie?
- ▲ Überall. Ich habe keine feste Adresse.
- ● Und was machen Sie?
- ▲ Alles, was Spaß macht. Ich muß nichts machen, was mir keinen Spaß macht! Ich schlafe so lang ich will, ich mache Reisen, nach Amerika, Indien, Neuseeland, in die Südsee, ich gehe Schwimmen oder ins Kino ... ich mache lauter schöne Dinge.
- ● Ja, aber für das Leben braucht man doch Geld!
- ▲ Ach, nicht so viel! Wissen Sie, ich habe eine Gitarre, und wenn ich Geld brauche, setze ich mich auf die Straße und spiele, dann geben mir die Leute was.
- ● Und das ist genug?
- ▲ Ja, ein bißchen sparsam muß man schon sein, und ein bißchen Glück muß man auch haben!
- ● Na dann, viel Glück, Herr Glück!

Lektion 7

▶ **Einstiegsseite**

Nr. 1
Völler schlägt einen weiten Paß in den Strafraum. Da steht Matthäus. Schuß und ... Tor! Tor! Tor!

Nr. 2
Jetzt kommt der doppelte Oxer. Na, schafft das Feuerwind? Nein, schade. Vier Fehlerpunkte!

Nr. 3
Und jetzt gehen die Herren an den Start. Auf die Plätze! Fertig ...

Nr. 4
Aufschlag Becker! Ja, den kriegt Lendl noch ... Wunderbar, dieser Return!

Nr. 5
Und jetzt sind die 100 Meter Freistil der Damen dran. Die Damen stehen schon auf den Startblöcken. Und ...

Nr. 6
Der SC-Riessersee führt im zweiten Drittel mit 2:1 gegen den Eissportverein Landshut. Aber jetzt ... aus! Paß über drei Linien ...

A 2

● Ich bin Karin, und ich bin 16 Jahre alt. Ich tanze schon seit 10 Jahren. Das ist toll, aber anstrengend. Ich fange mit dem Training nach der Schule an und übe manchmal drei Stunden am Tag. Ich möchte einmal Profitänzerin werden. Hoffentlich schaffe ich das.

▲ Ich heiße Eva. Ich bin 15 Jahre alt. Ich mag keinen Sport. Ich gehe gern spazieren, ja, und in der Disco tanzen, das auch. Aber sonst finde ich Freunde treffen und diskutieren viel interessanter.

■ Ich bin der Jürgen, 12 Jahre alt. Ich mache am liebsten Denksport. Mein Hobby ist Schach spielen. Mein Problem ist nur: Wer spielt mit mir?

◆ Ich bin Martina, und ich bin 14 Jahre alt. Ich treibe viel Sport. Das ist schwer, aber schön. Ich mache montags und freitags Leichtathletik in unserem Sportclub. Meine Disziplinen sind Hürdenlauf und Weitsprung.

✳ Ich heiße Thomas und bin 17 Jahre alt. Ich spiele Handball, und im Winter fahre ich Schi. Sport ist für mich ganz wichtig. So bleibe ich wenigstens in Form.

B 6

● Grüß dich, Matthias.
▲ Hallo, Oliver. Das ist mein Freund Joachim.

- Hallo, Joachim.
- Stell dir vor, Joachim ist Leistungsschwimmer, fast schon ein richtiger Profi.
- Toll. Aber gehst du denn nicht zur Schule?
- Doch, aber am Nachmittag fahre ich immer ins Olympiazentrum zum Training.
- Wie lange mußt du denn trainieren?
- Na ja, so drei, vier Stunden am Tag mindestens.
- Ja aber, wann lernst du denn dann?
- Das ist so ein Problem. Manchmal, vor den Meisterschaften, mache ich die Aufgaben einfach gar nicht. Wenn ich Pech habe, bekomme ich halt eine schlechte Note. Sonst lerne ich am Abend, wenn ich nach Hause komme. Aber oft bin ich schon ganz schön müde.
- Das kann ich mir vorstellen.
- Aber trotzdem, das ist doch toll. Joachim hat mit seiner Mannschaft die Junioreneuropameisterschaft gewonnen. Und er fährt überallhin zu den Wettkämpfen, nach Frankreich, nach Amerika, nach England.
- Mensch, das möchte ich auch. – Sag mal, willst du eigentlich später mal nur Leistungssport machen? Ich meine, willst du Vollprofi werden?
- Ich glaub' nicht, daß ich Chancen habe. Weißt du, da muß man immer am Ball bleiben. Wenn man nur ein paar Wochen nicht trainiert, kann man nicht mehr mithalten. Die Konkurrenz ist ja schon bei uns Junioren so stark.
- Ja, warum machst du dann das alles?
- Ach, weißt du, ich schwimme wahnsinnig gern. Und wenn ich dann auf dem Treppchen stehe, eine Medaille um den Hals, das ist schon super ... Und außerdem ...
- ... hat er Chancen bei den Mädchen. Erst heute hat Anne wieder gesagt: „Ach, der Joachim ist so süß ..."
- Ach Mensch, hör doch auf.

Lektion 8

A4

- Tina! Tina! Mach doch den Krach leiser! Das ist ja entsetzlich!
- Das ist kein Krach. Das sind Pünktchen.
- Wie bitte? Pünktchen?
- Ja, Pünktchen ist eine Rockgruppe.
- Immer diese Rockmusik! Früher haben wir noch anständige Musik gehört. Schöne Melodien und so. Aber heute? Nur Krach und Lärm.
- Sag mal, Papi, wie alt bist du eigentlich?
- Was für eine Frage. Das weißt du doch ganz genau. 47. Warum?
- Wenn ich mich recht erinnere, haben Bill Haley und Elvis Presley schon 1955 Rock'n Roll gemacht.
- Ja. Aber das war auch ganz was anderes.
- Ach so! Und die Beatles und die Rolling Stones und die Rattles? Hast du die nie angehört?
- Doch, natürlich. Die waren prima.
- Ach ja? Und was haben Oma und Opa dazu gesagt?

- Oh je! Die waren ganz dagegen. Die fanden das entsetzlich. Für sie war das keine Musik, nur Krach und Lärm.
- ▲ (lacht)
- Na, jetzt hast du mich ganz schön drangekriegt. Naja, mach halt die Musik nicht ganz so laut.